生命的中間，是如果

靈媒媽媽的心靈解答書5

Ruowen Huang —— 著

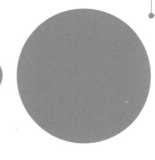

Chapter 3 嗨嗨，請問靈魂

Chapter 4
走出舒適圈：擁抱生命中的「如果」

前言

「The middle word of life is if.」生命的中間，是如果。

我覺得，人生在不同的階段會對相同的字句產生完全不同的想法與理解。我第一次看到這句話是在我年少輕狂時，那時候我覺得這句話給我的啟示是人生中有各種可能性。這樣的理解對於當時長期沈浸在悲劇女主角情節的我來說，讓我覺得人生不一定注定是悲劇。即便當時我並不知道如何到達那個非悲劇的結局，但光是想像未來可能會有不一樣的局面，就足以讓我有脫離悲情劇本並繼續走下去的信心。

這本書在出版之前，我經歷了生命中許多重大的決定，因此當我再次看到這句話時，我開始重新思考這句話對我的意義。在決定停止從事二十幾年的諮詢工作之後，我和大部分的人一樣，開始對接下來未知的人生產生惶恐。原本以為停止一直以來不適合自己的工作之後，我的人生應該會有種豁然開朗的解脫感，卻沒想到停止一件不喜歡、但二十幾年來也早已習慣的事，原來需要將近六個多月的戒斷期，就像戒毒一樣，我時時刻刻懷疑自己是否做錯了決定、是否應該回去重操舊業。

所幸，我同時決定利用這段時間去完成生命截至目前為止想做卻一直沒做的每一項願望清單，也趁這個機會好好地重新思考自己的人生。我老公也剛好在這段時間決定離開共事三十幾年的老闆，我們倆開始踏上馬不停蹄的人生清單之旅。就這樣，不知不覺地過了一年半。

在這段時間，我很常思考自己想要做什麼事，又是什麼阻止我去實現那些事。這才發現自己跟所有的人一樣，都不自覺地把責任與義務當成自己停滯不前的合理藉口。因為老公老愛跟著我，所以我沒有辦法一個人旅行；因為剛買房子，所以沒有多餘的錢浪費在自己的夢想上；因為太忙，所以沒有時間著手一直以來想做的事；又或者是小孩還小，我不能如此不負責任地丟下他們自己出國……，就在我將自己理所當然的藉口一件件地寫下來並冷靜地分析之後，才清楚地發現自己的種種藉口背後，隱藏的都是一種恐懼——害怕自己會失敗。

不把家務做好，會被人指責自己是不夠賢慧的妻子；不陪伴小孩成長，會讓小孩覺得自己是不盡責的母親；又或者是一個人去旅行遇到危險怎麼辦？迷路怎麼辦？潛水淹死怎麼辦？跳傘摔死怎麼辦……，即使我在靈性的道路上走了這麼多年，我的恐懼並沒有少於任何人。人生至今之所以還沒有發生任何自己想要的事，全是因為自己不敢也不願意去面對它未來可能會失敗的結果。不是不想做，而是不敢做。因為有了這樣的理解，讓我在旅途中開始挑戰所有自己害怕的事。我會很嚴格地分析自己是「不想」還是「不敢」，如果答案是「不敢」，那我就會強迫自己去挑戰那個恐懼，不願讓自己接下來的人生再度受制於那樣的恐懼。

所以，怕一個人出國，我就硬是幫自己訂了單人來回機票；怕水，就強迫自己去潛水；怕高，就強迫自己去跳傘……，就在這一次又一次強迫自己的過程中，我竟然開始質疑自己為什麼不早一點著手做這些事？如果我早在二十年前就強迫自己這麼做的話，那麼在過去的二十年裡，我是否可以看到更美麗的海域、更廣闊的天空？我發現每一次挑戰自己，跨出舒適圈，去實現那些一直以來想做卻做不到的事，我的內心就少了一種負重感，讓我可以用更豁達的態度面對人生，更有勇氣挑戰那些以往不敢做的事，進而發展出我過去從未想過的結果。也因為這樣的體悟，我意識到人生這條道路可以是任何的可能，完全取決於自己如何選擇，以及是否願意跨出自己的舒適圈，不斷地探索，並勇敢地踏出第一步。

也是在這一刻，我才深深地理解自己年輕時看到的這句話「The middle word of life is if.」——生命的中間字，是「如果」。

年少的我覺得只要生命不會帶來悲情的結局就好了，如今的我則覺得，如果生命中可以有任何的可能性以及無限的精彩，那麼我們為什麼甘願滿足於黯淡與自哀自憐的人生呢？

人們常常會透過過去的經驗來假設未來的結果，在不改變任何做法的前提下，往往只會得到與過去相同的結局。但是，假設未來有無限的可能性呢？在這樣的假設下，與其讓「過去」決定你該做什麼選擇與反應，是否該讓你想要的「未來」決定此時此刻的你接下來該怎麼走呢？

我曾經說過，靈魂的旅程是自私的。當一生結束後，你的靈魂只想要知道自己學到了什麼。如果是這樣的話，是否可以好好地思考一下自己的人生想要充滿什麼樣的「如果」，而你又可以如何幫助自己的靈魂製造出那樣的「如果」？人生是自己的，你帶著什麼樣的自信，自然就會引導你走向那樣的未來。我希望透過這本書讓各位更進一步地了解：你才是有能力在自己的生命中創造各種可能性的人，也真心希望各位的生命中都充滿許多驚喜又夢寐以求的「如果」喔！

Chapter 1

克服你的靈性恐懼

你為什麼怕鬼？

對應頻道 201 集

在討論「為什麼人們怕鬼」之前，我先分享一個小故事。某個週末，我突然接到朋友十歲女兒的來電，她告訴我，她姊姊說家裡有一個黑髮白臉的女鬼，這讓她感到非常害怕。其實，她的姊姊一直都能看到鬼，我原本以為姊姊已經不再害怕鬼了，現在卻連妹妹也感到害怕，我不禁懷疑朋友的小女兒是否也開啟了通靈能力。

就在這時候，朋友將電話接過去，除了替女兒道歉之外，也解釋最近家裡的女鬼似乎比較頑皮，不僅騷擾大女兒，還會嚇唬小女兒。小女兒明顯被嚇到了，所以才會打電話求救。在寒喧了幾句之後，我們約好明天再好好地跟女兒聊聊。

隔天，在派對上，我問朋友的小女兒為什麼怕鬼，她回答說：「因為每個人都怕，所以我也必須怕啊！」這讓我想起自己的女兒小時候也說過同樣的話。或許大家也有發現，在現實生活中有很多類似的情況。即使你從未接觸過某件事物，但因為大多數人對該事物感到恐懼，讓你覺得自己理所當然地也應該感到害怕。這個小故事只是希望讓大家反思在現實生活中，自己是否也有無端地跟著眾人起舞的恐懼。

就好比怕蟑螂的人，不一定是害怕蟑螂本身，而是因為它們可能攜帶的病菌或象徵某些不好的事物。我要講的是，我們在生活中經常害怕許多事情，其實都是源自「未知」。因為我們對它們不夠了解，所以才會感到害怕。這種恐懼和大部分人害怕鬼的原因是相同的。就像我們害怕高度、疾病、害蟲等等，通常是在接觸之前就已經預想最糟糕的情況。如果把這個模式套用到生活中，就會發現我們真正害怕的不是鬼本身，而是不知道他們能對我們造成什麼樣的傷害。就像我問一個小孩為什麼要害怕一個看不見、摸不到的東西時，她回答：「因為他們很可怕。」「但是既然看不到，那怎麼會知道他們很可怕呢？」她又回答：「因為他們會發出一些恐怖的聲音。」所以我又問：「如果那些聲音是由和你一樣大的孩子們發出的，你還會覺得很可怕嗎？」經過一會兒的思考後，小女孩回答：「當然不會。我會讓他們住手。」我又問：「那如果你無論如何都趕不走他們呢？」小女孩回答：「那我會請我媽媽把他們趕走！」「既然如此，你是否想過今天的鬼可能也是一個小女孩呢？」她說：「但是我看不到她啊！」「所以，正因為看不到，就任由想像力無限放大嗎？」我利用這個機會教育眼前的小女孩，讓她知道人類的想像力真的具有很大的影響力。我要她每次只要遇到鬼的時候，無論她的姊姊把那個鬼形容得多可怕，她都不要立刻對他們產生恐懼，而是在當下把他們假想成跟自己同齡的小孩。因為人的腦子一旦做了這樣的設定之後，那麼不管出現在身邊的靈魂實際歲數是多少，都會因為你的設定影響而改變濾鏡的折射，成為你想像中的樣子。

接下來，我要她請他們住手，也可以請他們離開，就如同她會阻止任何一個人欺侮她一樣。因為任何具有形體的能場力量永遠會比任何一個沒有形體的靈魂強大，這也是為什麼人們認知中的神、魔、鬼經常尋求人的幫助的原因。如果發生了在家中被騷擾的事件，那麼受害者除了自身的能場之外，還可以利用家中的主掌權。就如同我們常常在吸血鬼電影中看到的，吸血鬼必須獲得主人的許可才能進入房屋，這是同樣的意思。你不會允許任何陌生人隨意進入你的家，自然也可以不允許任何鬼魂進入你的家來騷擾你。

跟大家重申一個不變的法則——有形體的能量永遠大過於沒有形體的能量。小時候因為不曾有人教育過我們，所以我們會隨著身旁的人害怕而跟著害怕，但如今知道這樣的法則之後，自然就沒有人云亦云的必要。特別是任何人對自己的家永遠都可以擁有完全的自主權，並要求這些看不見的存在離開。其實在彼此尊重的情況下，萬物是可以在互不侵犯的狀況下共存的。如果真的不行的話，其實諸如淨香、薰香或精油，都是可以幫助你清理空間能場的方法。這些方法是藉由還原植物的本質，將異物排擠到空間以外的地方。此外，大家也可以透過開啟電風扇來改變空間的振動頻率，進而讓外來能量無法成形。但其實說了這麼多，最好的方法還是穩定自己的個人能場。因為一個人的能場若是穩定，就可以以自身為主軸，依照需要對外擴大能量，這樣就不至於每每卡到陰的時候搞得自己頭昏腦脹、上吐下瀉。

到目前為止，我遇過許多看得見鬼的小朋友。例如，朋友的女兒曾被一個女鬼糾纏了三年，搞得每天精神不振，稍有風吹草動就跟著聞風起舞。但我想在這裡提醒所有看得見鬼的小朋友們：現實生活中，大人遇到問題時不會去找小孩子幫忙解決，那麼一個好端端的鬼為什麼要平白無故地來鬧小孩子呢？因此，如果未來再遇到這樣的事情，請記得善用自己的想像力，把對方想像成自己希望他們變成的模樣，那麼他們自然就無法對你產生任何威脅，因為有形體的能量永遠大過於沒有形體的能量。不要讓無謂的恐懼掌控你的生活，反而讓自己無法好好地過日子喔。

鬼會讓人生病嗎？

對應頻道 202 集

我覺得鬼的相關議題真的在台灣比較常見，所以乾脆藉由這篇文章與各位討論所有與鬼有關的話題。

常常有客戶問我「鬼真的可以讓人生病嗎？」這個答案其實是肯定的，但並不是因為鬼的能力真的強大到讓你只能任其為所欲為。在了解為什麼鬼可以讓人生病之前，你必須先了解宇宙中所有存在都是一種振動。正因為每一個存在都是一種振動頻率，所以低頻率的振動受到高頻率的振動影響是自然而然的事。當兩個不同的振動互相交集的時候，振動幅度較小較慢的往往會受到幅度較大較高的振動所改變。也就是說，如果你本身的能場是屬於較為緩慢或者是節拍較小的振動，那麼當你遇到一個比你大的振動時，自然會受到對方的影響而被牽制，進而導致你的身體不適。

我小時候只要碰到任何鬼神都會生病。老一輩的人稱我這種體質叫做「貴氣」，但我個人認為由於小孩子的振動幅度差距不大，以致於任何振動差距都足以讓我生病。就好比人們去海邊玩浪時，要是遇到一面巨大的海浪朝自己覆蓋而來，在來不及緩衝的情況之下，它的衝擊力很可能就會讓你感到頭暈目眩或是不舒服想吐。這樣的感覺不會因為海浪過了就不見，往往需要一點時間讓身體調適才能恢復正常。再拿高空彈跳和乘坐雲霄飛車來舉例，人們在高速墜落的當下會覺得自己的心臟好像要被抽離似的。其實無論是何種運動，基本上只要衝擊力遠超過自己腦子所預想的程度，那麼你的身體就會立刻產生不適感。又或者是遇到車禍這類不預期的事件，即便沒有受傷，也往往需要七天左右的時間才可以讓自己完全排除那種心有餘悸的感覺。這也是為什麼你不會因為鬼的離開而在瞬間就感到舒服。如果你很好奇一般人什麼時候會恢復正常，那麼我的答案是約莫三天的時間。當然，如果你是個能場很穩定的人的話，那麼在感受到能場變動的當下，你很可能可以用極快的速度將自己調整回來。就如同現實生活裡有許多人會透過靜坐或冥想來調整自己的能場，是同樣的意思。這樣的人很可能只需要一天就可以把自己調整到原來的狀態。但是對於大多數能場被影響卻沒有自覺的人來說，通常需要三天左右的時間。若是能場不穩定的人，可能需要七天左右才有辦法讓自身的能場恢復到原本的振動。

在台灣，人們很常說自己「卡到陰」。很多時候其實不是真的遇到鬼，而是自己的身體經歷到差距太大的振動幅度。一旦發生這樣的事情，你的身體自然而然地會感到不適。就像一個正向樂觀的人跟一個極度負面的人聊天幾個小時之後，除了情緒會被拉低之外，很可能也會有身體不適的反應。同樣的道理，當人們在面對外在的質疑與批評時，往往也會感到難過與全身不舒服。消化反差太大的振動本身就是一個不舒服的過程，這個原理其實就跟人們認知的「卡到陰」是一樣的。一旦被影響的程度遠大於自己的預期時，那麼身體自然而然地會像是在對抗病毒般地感覺到不適。如果要減少這樣的事情發生，最好的方法還是學會穩定自己的能場。說穿了，其實就是從最基礎的「愛自己」開始做起。當然，我所謂的「愛自己」不是只有學著去喜歡自己覺得好的優點，而是同時也要學會擁抱自己的不完美。當自己可以與自身的好壞共存，並了解自己的人生平台、為什麼選擇這樣的功課以及人生的目標在哪裡時，那麼這種從自身散發出來的堅定感就很難受到外在能場變動所影響。而你在生活中的堅定態度也會影響到靈魂的層面，讓你不會因為不小心撞見一個鬼或是任何靈體而感覺到身體不適。

總結來說，不需要因為身體突然出現的不適感而去鑽研是否卡到陰遇到鬼或什麼靈體，而是先了解自己的能場和現在所處的環境之間產生的落差有多大。你可以試著讓自己先離開現有的環境，好好地調整自己的能場，如果仍然感到不舒服，那麼記住，通常需要三天左右的時間讓自己調整或恢復到原有的步調。一般來說，一旦身體開始習慣那樣的頻率，身體受到影響的反應自然也會跟著減少。鬼並非真的法力無邊，稍微碰到人就會讓人生病，如果我們了解其中的原理，就能找到照顧好自己身體而不受到外在環境影響的方法喔。

鬼的種類

對應頻道 218 集

對從小就看得到鬼的我來說，我曾經以為所有的鬼都是同一個模樣，是一種或飄或走的半透明體，雖然沒有實質的肉體，但多少有個「人」的樣子。直到靈學旅程的中期，我才慢慢地發現鬼其實有很多的種類，今天就暫且將鬼分為三大類來與各位分享。

1.

第一類的鬼可能是大家最熟悉的類型，一般就是死亡後的靈魂因為放不下他們生前的身分，所以還保持他們生前的模樣存在我們的空間裡，也就是還沒有進入白光，又或者是還沒有進化的靈魂會被稱為鬼。

2.

除此之外，很多「鬼」其實也擁有人的樣貌，卻不是真正擁有靈魂的存在。就好比「地基主」，就是靠人類的意識能量所養成的一種存在。雖然他看起來像是一個完全獨立的個體，但他的意識大多時候是由人類的集體意識所組成，所以一般來說也會有他特有的偏好與喜怒哀樂。

還有一種「鬼」與地基主很像，這類型的鬼一般會出現在人們熟知的事故現場或是鬼屋，我不是說這樣的鬼並不存在，而是說他們同樣是透過人們的意識餵養而形成。這種鬼在沒有實質靈魂的情況下，並不需要去投胎。無論時間過了多久，只要有人持續地相信這個鬼的存在，這樣的鬼就會一直存活下去。就好比好幾百年前某棟建築物裡發生了一件巨大的凶殺事件，在事件發生的當下，如果現場或周遭有任何可以儲存能量的地球元素，那麼事件發生時的驚慌和恐懼就會完整地被儲存到這些元素裡面，使得任何稍微敏感的人在接觸到這些元素的時候，可能會看到事件發生時儲存的記憶。

一般來說，這些能量如果沒有持續地被餵養，往往會隨著時間慢慢地被消耗掉。而能量消耗的時間取決於事件發生時的情緒以及收集能量的地球元素的大小。除非這個元素長期以不見日月光的方式保存著，又沒有任何可以消耗能量的管道，要不然同樣的事件在空曠草原上發生的話，不管是多麼負面的能量都會被消耗掉。大家所熟知的鬼屋就是屬於這樣的例子，他們的能量大多會被鎖在鬼屋裡面，再加上周遭或是後來的人們（又或者是新聞媒體、民間傳說）不斷地討論，使得裡面的能量一直受到餵養，這是導致鬼屋裡面一直有鬼的主要原因。

由於這些鬼是人類的意識所餵養出來的產物，所以他們大多沒有辦法回答人類意識裡面不存在的資訊。一般人可以回答自己喜歡吃什麼、做什麼等問題，這些鬼屋裡面的鬼則可能會以發生在他身上的事件或是人們的普遍認知來回答這類問題。

如我之前所說，他們之所以存在並不是空穴來風，而是因為在事件發生當下的周遭有地球元素（金、木、水、火、土）可以儲存他們的能量，使得人們接觸到這些還沒有被消耗掉的能量後，引發人們持續性的討論。大部分儲存在地球元素的能量需要六到八個月才有辦法被消化掉，若是在能量持續被餵養的情況下可能就需要更久的時間。如果法師的功力大過於元素所儲存的能量，那麼他可能會以較快的方法消耗掉元素的能量（或是人們認知裡把鬼「收掉」的結果）。但總結來說，如果房子被拆掉，又或者是當人們慢慢地遺忘了曾經發生在鬼屋裡的事情，裡頭的鬼遲早都會因此消失。

3.

此外，還有一種鬼可能是亞洲人比較熟知的，那就是「冤親債主」。這類鬼的行為模式跟正常的靈魂很像，不會受到空間或地區性的限制，有時候還會跟你吵架或對話，但他卻不是一個有意識的靈魂。這源自於每個人的靈魂都配帶著記錄所有事件的黑盒子，它會記錄你的靈魂形成至今、前世今生的所有資料。除了記錄你的所作所為之外，更重要的是記錄你在執行每一件事的心念與情緒。假設你在某一輩子曾經做了什麼事情而愧對某人的話，那麼在輪迴轉世的過程中，一旦在現實生活中遇到相同的人事物時，你的靈魂就會啟動曾經的記憶而折射出當時的影像，通常是當時你曾經虧待過的人。也因為這樣的折射是藉由你的靈魂所產生，所以他們會像是鬼一樣，如影隨形地跟著你，而不會受到任何時間與空間的限制。他們的行為大多也會反應出你的內心對他們的虧欠，雖然大多來勢洶洶，但是他們同樣沒有辦法回答任何你的靈魂認知以外的問題。如果你對這個影像的了解愈多，那麼他自然可以回答許多的問題。相對地，如果你對這個影像的認識愈少，那麼他就愈無法回答任何問題。而他們回答問題的方式會如同壞掉的唱盤，不斷地重覆你的靈魂記憶裡的資訊。大多數的人覺得自己的能量場受到冤親債主影響，其實是因為靈魂內在的愧疚感會間接地影響到現實生活中的能量，這也是為什麼人們如果選擇在這段時間去算命的話，通靈者能看到「冤親債主」的主要原因。

上述的三種「鬼」，除了第一、二種以外，「冤親債主」應該是屬於台灣最常見到的「鬼」。遇到單純因為留戀生前的身分而遲遲不能進化的「鬼」，一般只要他有辦法學會放下，那麼他自然會被引導至白光之中。而第二種「鬼」則是在沒有人持續餵養意識，又或者是地球元素無法再儲存能量的情況下會慢慢地消失。但是當你遇到如影隨形般的冤親債主時，最好的方法是去審視自己的現實環境中是否有任何沒有處理與面對的情緒。通常當你願意去正視問題並解決自己的情緒時，你身後的冤親債主自然也會煙消雲散。給大家參考看看喔。

為什麼我們遇到鬼的時候會覺得冷？

對應頻道 208 集

常常聽到遇到鬼的人會抱怨好冷，不知道各位有沒有思考過為什麼人們遇到鬼的時候總是會覺得冷呢？

人因為有血氣，所以普遍來說體溫偏高。一般的靈魂在正常的振動頻率下，其溫度大概會維持在攝氏二十五度左右。這是一般人可以接受的程度，也是為什麼即使置身在滿街都是靈魂的環境，我們不會感到陰冷的原因之一。因為他們的溫度是我們的身體可以接受的溫度，所以我們不會對他們產生任何排斥感。

但是，人在死後會有將近三到七天左右的時間進化成為靈魂。在這段期間，他們被稱之為「鬼」。靈魂因為振動頻率較高的緣故，所以溫度不會太低，但是「鬼」因為還殘留有生前執念的關係，會導致他們的振動幅度較緩慢，而使得溫度變低。當靈魂離開身體太久，還遲遲無法從「鬼」進化成靈魂的時候，他們的溫度就會隨著離開的時間愈長而變得愈低。一般如果降到十六、七度左右的時候，人們就會開始感覺到冷。那種感覺就好像突然有一陣涼風吹過背脊，但不至於感覺到陰寒。

另一種狀況是一些比較負面的鬼。這些鬼通常在生前就已經累積了許多的怨念或者哀傷。由於他們的振動頻率在生前就比較緩慢，所以當他們死亡之後，他們的溫度就會以很快地降到十六、七度左右，再加上怨念與哀傷的關係，會讓本來的涼感再多了一道陰寒，感覺就不只是冷風掃過一樣，可能會感覺像待在冰庫一樣冷。其實這就好比當人們走進一間冰庫，起初五到十分鐘可能不會有太強烈的感覺，但時間一久就會覺得愈來愈冷。

所以當人們遇到第一種鬼，通常不會覺得冷，大多只會感覺好像有道冷風掃過的感覺。但第二種能量較為負面低落的鬼，往往會受到能場相似的吸引而跟隨著你，在這樣的情況下，你們比較會感覺到身旁的溫度急速下降，除了冷之外，還會因為他們身上所挾帶的怨氣而感到陰寒。並不是所有的鬼都會讓人覺得冷，至少在我所遇到的靈魂中，只有遲遲不願昇華以及自殺的鬼會讓人感到陰冷。更不用說一旦鬼進化成為靈魂之後，由於他們的溫度在二十五度上下，通常是不會讓人有任何感覺的。至於像是精靈、神、佛、妖等靈魂會不會讓人感覺到溫差呢？除了振動頻率較快的神佛會讓人感到體溫上升之外，其他的存在由於振動頻率與人相似，不會讓人感到太大的落差。

除了上述的鬼，會讓人感到陰冷的應該就是「魔」了。不過並不是所有的魔都會讓你感到冷。我曾經提過魔有三個等級，一般來說，唯有最低等的魔才會讓你覺得冷，這是因為他們還無法完全地掌控自己的能場。而遇到鬼跟遇到魔的冷是不同的。如果說遇到鬼的冷，像是打開冰箱讓你感覺到外表皮膚的冷，那麼遇到魔的冷就像是打從骨子裡發寒，就像是叫你做一件你害怕的事情時，你打從心底感到恐懼而全身發寒的冷。由於魔的力量來自於恐懼，所以當他們靠近時會讓你無來由地感到害怕。但不管你遇到的是什麼，只要學會保持自己的能場，不要因為害怕而賦予他們力量，那麼你的能場自然就不會輕易地因為外在的振動改變而跟著變動。當一個人了解自己的價值並學會愛自己之後，你就會發現你的能場會愈來愈穩固，不會那麼容易受到干擾。

死神／陰間使者

對應頻道 207 集

大家認為死神是什麼呢？最有印象的應該是在歐美故事中那個穿著黑色大斗篷，拿著鐮刀，被稱作 Grim Reaper 的模樣吧？今天我想針對這個「角色」回答網友的一些問題。

Q：死神是閻羅王嗎？長什麼樣子呢？是由人類演變而成的嗎？什麼樣的人可以成為死神？在靈魂不受到時間與空間的限制的前提之下，人們所想像的死神在現實世界中只有一位嗎？在人類中，有人可能曾經是死神然後投胎轉世嗎？如果有，他們有什麼樣的特質？死神有制服嗎？還是必須披著大斗篷呢？

死神不是閻羅王，但也算是高靈的一種。用我個人的理解來解釋，也就是比我們的振動頻率還要高的靈魂，大約是第七階靈魂。請注意，這裡的階級並沒有任何意義，只是我個人習慣根據振動頻率進行分類。雖然我們印象中的死神藏在黑斗篷裡的臉都是骷髏頭，但我發現他們其實長得都滿好看的，如果轉換成人類的話，應該就是人們眼中標準的鮮肉型男吧。所以，他們有沒有可能是人類靈魂昇華而成的呢？答案是肯定的。靈魂有進化的本能，無論是什麼靈魂，都很可能經歷過植物、動物或是人類的階段，在這樣的前提下，死神自然極有可能是由人類演化而成。

坦白說，我不知道是什麼因素讓他們成為死神。因為在我的靈學旅程中，我並不常與死神見面，最多不超過五次。但就我個人的經驗來看，我認為他們成為死神的原因是他們行動的速度極快。若是速度不夠快，可能就無法捕捉那些總是四處竄逃的妖魔鬼怪。

在我的經驗中，我每次看到的死神都不是同一個人。因此，我認為他們不是同一個人，而是有許多人在扮演著相同的角色。在人類中，可能曾經有人是死神轉生而來。至於這些人有什麼樣的特質呢？就我個人的猜測，他們都長得很帥且行動速度很快 XD。

此外，由於我每次看到的死神外形與打扮都不同，我遇過沒戴斗篷的，也遇過穿西裝打領帶的，所以我認為死神是沒有制服的。但很可能是因為他們的能場使然，所以不管他們穿什麼樣的衣服，看起來都是黑色的。

Q：死神是否一定會在你臨終之際出現在你身邊？是不是只要是人，要離開的時候都會被死神帶走？如果不是，那在什麼樣的情況下會遇到死神呢？

只要你不是大罪大惡之人，或者你是曾經犯錯但有勇氣願意承擔所有後果的人，在大部分的情況下都不會有死神在身旁等著你死亡。我曾經說過約莫百分之八十的人死亡之後，第一個面對到的不是死神，而是與你有深厚連結的靈魂。可能是往生的親友，也可能是在你的生命中扮演重要角色的過客，重點是他們往往是與你的靈魂有著深厚連結的人。無論你是透過什麼方式死亡，當靈魂離開肉體的時候，往往會被一道安全又溫暖的光包覆著。在這種被保護的狀態下，為了安撫靈魂在當下面對死亡的惶恐與不知所措，與你連結較深的靈魂、你的高靈或是靈魂導師，大多會是你在死亡之後第一個面對的對象。他們會陪著你渡過這段看似漫長又不知所措的時間。當然，有些較為自信，或者是已經接受自己死亡的人可能不需要任何人的帶領就可以走向他們該去的地方。所以不是每個人死的時候都會遇到死神，只要你不是十惡不赦的人，應該都不會有與死神打照面的機會。

至於什麼樣的情況下會遇到死神呢？假設有人生前無惡不做，而且在明知故犯的情況下仍想盡辦法地逃避自己應盡的責任，在死亡之後也極有可能會逃避自己在地獄裡應受的懲罰的話，那麼死神或者陰間使者就會在那個人的身邊等候他的死亡。當然，也有會想盡辦法不被捉到的鬼，但就我過去的經驗來看，任何應該得到懲罰的靈魂被抓都是遲早的事。

Q：死神是不是像一個公司組織？如果遇到不願意跟著走的鬼該怎麼辦？如果鬼躲起來的話，他們有辦法找到嗎？所以死神有自我意識也有最終歸屬嗎？還是會一直做下去？

我個人覺得死神比較像是一個各司其職、不需要向上級報告，卻又擁有規劃以及系統的組織。雖然他們有所謂的上級，例如閻羅王或是黑帝斯，但他們其實只是掌管不同公務的角色罷了，並沒有掌管彼此的權力。還有，會有死神出現，都是因為那個地方有不願意跟著走的鬼，但是在死神面前，逃跑似乎不是一個選項，就算這些鬼再怎麼不願意，死神也會強制帶走他們。至於會躲起來的鬼就更不用說了，這樣的靈魂通常在生前就有跡可循，自然會是死神會在他們臨終前伴隨身側的對象。我個人覺得死神不是靈魂做永生的職業，比較像是透過這個身分可以得到某種靈魂成長的選擇。他們有自我的意識，也有輪替的觀念，所以顯然不會一直做下去。

其實這麼多年以來，身為靈媒的我也只跟死神打過五次照面而已。我遇見比較特殊的狀況是，某個靈魂藉由躲在重病的朋友身上（這跟重病的靈魂都被某種暗黑的能量覆蓋而不易察覺有關）。起初我以為死神是要帶走我的朋友，但某個機緣下，我恰巧看見朋友的每張照片上都有道不明的紅光，仔細研究之後才發現他身旁一直跟著因車禍而死亡的靈魂。也是因為這樣，才發現那名死神要抓的並不是我的朋友，而是那個一直在逃亡的鬼。

我還處理過一個案例。客戶因為貪小便宜而去飯店結束營業清倉特賣會，她買了個矮櫃回家，從此之後家裡就一直出事。她搞不清楚自己為什麼像個發瘋的女人一樣，情緒總是起起伏伏，又老是指控丈夫偷情，更屢次失控地想拉著老公和小孩跳樓。後來才發現那個矮櫃曾經是命案現場的家具。當時的女主人到飯店裡捉姦，在刺殺了老公和情婦之後，她選擇在那個矮櫃上自盡。可能是陰氣太重的關係，之後矮櫃也收集了不少鬼。

當時我幫客戶清理矮櫃，打開櫃子的那瞬間感覺像是有幾百隻蝙蝠蜂擁而出，讓人頓時頭暈目眩。而死神在此時出現，在三、四百個靈魂四處亂竄的情況下，竟然毫無漏網之魚地抓住每個靈魂，讓我開始對死神產生崇拜之情。很可能就是這種崇拜讓我不自覺地將每個死神都化身為型男吧。在這件事情之後，客戶的情緒不再莫名地起伏，心神清醒。最讓她頭皮發麻的是，當她要將那個矮櫃處理掉時才發現裡頭放的竟然都是她的婚禮照片。雖然這不是阻止各位購買任何跳蚤市場或是二手的東西，但如果真的很喜歡的話，至少點個淨香或是薰香，先淨化它的能場再使用，就和我們在二手店買的衣服都會先洗過再穿的意思是一樣的。

死神給我的感覺比較像是警察，又或是將靈魂引領到白光的引路者，所以並不是所有的人都會遇到死神。或許是因為我與死神之間並沒有什麼利害關係，所以對我來說他們並不是恐怖的存在。到目前為止，他們出現的地方都只是為了確保我不會受到外靈的干擾罷了。因此，如果你今天自認言行正直，也沒有做過大惡大壞之事，那麼就算面對死亡，也沒有害怕死神的必要吧。

我的靈媒旅程：錢仙、碟仙與通靈板

對應頻道 215 集

不知道各位小時候是否曾經對那些不知名的次元感到好奇，試著與其他靈界溝通呢？在我小時候，很流行玩「錢仙」。錢仙其實就是在一張紙上寫著「是／不是」，然後幾個人用手指按著硬幣。聽說在發問之後，錢幣會主動移動到「是／不是」的答案上。我們那個年代只要玩錢仙都會被大人罵，因為他們說會招攬不乾淨的壞東西，所以每次小朋友想玩錢仙總是要躲到大人看不到的地方。

我小時候住在鄉下（庄腳），通常左右鄰居都互相認識，也會玩在一起。小時候的我還不太會分辨鬼和人的差別，所以第一次跟著大家玩錢仙時，只注意到才開始玩沒多久，一夥人中突然多了一個素未謀面的小孩。在那個街頭跟巷尾都認識的年代，這個從未見過的小孩只是靜靜地站在一旁，卻似乎有著操控整個盤面的能力。因為當時我還不太懂得分辨人和鬼，在場又沒有其他人看到他，所以不禁讓我懷疑起是不是所有的錢仙都是小孩子。所幸那次玩錢仙並沒有人遇到什麼大問題（或者是年代久遠到我已經記不起來了），總之，我下次再玩這類遊戲的時候，已經是國中了。

那是放學後約莫五、六點的時候，一群女生在教室裡頭，神神祕祕地聚在一起。當時的我好奇她們在幹什麼，靠近一看才發現她們在玩碟仙。那個時候的碟仙根本就是錢仙的進化版。一張白紙上寫著各式各樣的答案，大概有三、五人的食指壓在小碟子上。當人們問問題之後，小碟子會引導所有人的手指移動到某個答案上。當所有人將注意力集中在小碟子上時，我卻看到她們的身後多了一名紅衣女郎。她略帶凶氣的臉，又渾身怨氣的樣子，讓人不禁全身發寒。或許是因為那個年紀的我已經看得到鬼，又對全身穿紅色衣服的女鬼有特定的認知，所以當朋友邀我加入時，我只能非常沒膽地婉拒，並想辦法儘快離開現場。隔天聽說有玩碟仙的女生都出了點事，這也讓我更加驗證不要跟任何人玩這種「X仙（召喚亡靈）」之類的遊戲，因為你永遠不知道自己會召喚到什麼樣的靈體。

我直到成年才被介紹通靈板（Ouija Board）。和傳統的碟仙、錢仙不同，通靈板上有二十六個字母，會根據你的問題拼寫出答案給你。一直以來我以為這種與靈界溝通的方式只會給出「是或否」的答案，當我第一次看到這種能夠完整回答的靈界工具，不禁感到好奇。但或許因為我沒有從之前的經驗中學到教訓，所以這一次再度遇到不友善的靈體時，我才決定把這種靈界工具徹底排除在我的生活之外。自那時起，我就不想再參與這種遊戲，但我仍然無法阻止我的好奇心。

一開始，我以為錢幣、小碟子或通靈板上的三角形乩板（又稱指示板）等物品之所以能夠移動，主要是因為意識能量的關係。但之後我發現這更像是靈魂導師在與自己溝通。只是當下如果有很多人在玩遊戲的話，那麼它所影響的範圍就是在場的所有人。一般來說，這種遊戲需要三到五個人參與。之所以至少需要三個人，是因為三人的能量可以形成一個比較不容易被攻破的鐵三角，也較能夠維持能場的穩定。如果這個鐵三角中有一個角缺失，那麼這個原本應該穩固的能場就很可能產生破裂，進而讓其他靈體有機可乘。在這種能場不甚穩定的情況下，幾乎都是由離你們最近的孤魂野鬼來回答你們的問題，而不是你們認為的碟仙或錢仙。

如果你還是因為好奇而想要嘗試，那麼建議你們至少找到能場比較強的三個人，這可以確保你們的能場不受到干擾。若是五個人中有三個人能場較為穩固，自然也可以達到那樣的效果。但若是你們本身就是容易緊張的個性，對於這樣的事情又存在著恐懼的話，那我給各位最好的建議還是盡量避免吧。我個人覺得玩這種遊戲跟八字輕重沒有任何的關係，反而是在場的人的能場可以決定所召喚的靈是什麼樣的角色。若是你們無法分辨能場好壞的話，我覺得一個能場強大的人會不自覺地讓身旁的人也感到安心。要不，在玩之前點個可以淨化空間的薰香或是播放觀世音菩薩聖號，也比不知道周遭的環境會吸引來什麼樣的靈魂要好。

就我個人對這些通靈遊戲的經驗來看，我覺得在玩任何遊戲之前，該做好的基本功課就是確保自己周遭的能場穩定與安全，在這樣的環境下自然不容易受到其他靈體的干擾，否則就少碰這些遊戲，因為你們口中的「仙」往往是路旁的孤魂野鬼喔。

與動物溝通
會容易招致邪靈入侵嗎?

對應頻道 222 集

我們每個人天生就有所謂的靈媒體質，只是成長環境和社會教育使我們覺得沒有保留這個能力的必要而漸漸地退化。其實靈媒體質在許多小朋友或是嬰兒身上是顯而易見的，他們毋需語言溝通，就可以感受到周遭的環境或是身旁的人的情緒，而直接或是間接地被影響。直到六到九個月大的時候，環境會讓他們意識到自己是否有保留這種感官的必要。若是父母不相信這種感官有存在的必要，那麼他們的思考模式可能就會直接地影響到小孩的振動，進而鈍化他們的靈媒感官。

我個人覺得這世界上沒有人是麻瓜，因為靈媒體質是種本能，只是在不了解的情況下，大部分的人會稱之為「第六感」。即便在沒有任何人教導我們如何運用的情況下，當我們接觸某些人事物或環境的時候，就會直覺地知道它們是否適合我們，或會對我們造成傷害，這種如同生存本能般的感應能力其實也是靈媒體質的一種。就好比動物們總是能夠知道氣候會有什麼樣的變動而跟著遷徙一樣，牠們不需要透過語言就可以感應，但是人們仰賴於社會教育所提供的訊息，使得人們會輕易地忽視那樣的感官。一般來說，與萬物溝通的能力應該是每一個人與生俱來的，所以如果你今天想要學習動物溝通的話，你所做的並不是培養一種新的技能，而是把被遺忘的感官找回來而已。

有網友想知道與動物溝通時會不會容易招攬邪靈入侵？我覺得這是個挺無厘頭的問題，好像在問我跟語言不通的外國人說話時會不會被惡魔附身一樣。溝通是所有靈魂的本能，無論是用語言或感官，聽得懂還是聽不懂。通常一個人有任何的想法時，他的能量就會如電磁波般散播出去，不自覺地影響到身旁的人或是指定的對象。就好比因為工作而心情不好的人，回到家後會不自覺地使老婆莫名奇妙地跟著感到躁鬱，又或者是你突然想起一個許多年沒有見面的朋友，下一秒就在轉角遇到對方，或是接到對方的電話。當人們的想法有特定的傳送對象時，那麼你和對方之間就會產生一種隧道效應，無論你和對方之間有多少的障礙，都不會影響訊息的傳送。這就是為什麼許久沒見面的朋友突然想到你，也會使你莫名奇妙地想到他。動物溝通也是一樣的道理，在這種隧道效應下根本不可能會有外靈的侵入，除非你從一開始溝通的對象就是那個「外靈」。但這個機率微乎其微，因為大部分動物溝通的對象都是明確的，要將訊息傳給錯誤的外靈幾乎是不可能的事。

所以如果你想要學習動物溝通，首先了解與動物溝通是每個靈魂與生俱來的能力。再者，相信在與動物溝通所建立的隧道效應裡，不太可能會受到外靈的入侵。因為與外靈溝通的情況只會發生在你不清楚自己溝通的對象是什麼的時候（就好比前一篇說的錢仙、碟仙等）。因此，與動物間一對一的溝通和有些人用感應的方法不同，感應是讓自己的振動如放射線般地發射出去，並期望從周遭的任何靈魂身上得到答案。這種期望誰都可以回答你的情況下沒有辦法形成安全的訊息溝通管道，而是允許放射迴圈裡的任何靈魂都可以傳訊息給你，這樣的行為跟動物溝通一點關係也沒有。動物溝通比較像是你想要跟一個外國人溝通，你雖然完全聽不懂對方在說什麼，但是仍舊很努力地試著去理解對方。

我個人覺得動物溝通不是一件危險的事。通常想要溝通的動物都是自己接觸得到的動物，特別是寵物。而這樣的能力也不侷限於動物，舉凡有靈魂的生命都適用，植物、動物或者是生物，當然也包括人在內。若是在技術不成熟時想要獲得訊息，卻不知道自己究竟要與誰連線時，那我個人覺得暫時不要進行，以免通到你害怕的外靈。此外，水晶或礦物只是個媒介，並不是生命。你或許可以感應它們的能場或是儲存的記憶，但「溝通」還是需要與另一個生命才能做到的。想要與任何的生命溝通，都必須先知道對象是誰，並建立想要了解對方的基礎。在沒有言語的情況下，透過共感或是改變振動去了解以及體會對方想要表達的究竟是什麼，才能真正地溝通。一味地害怕自己會遭到邪靈侵略，反而會因為恐懼而失去溝通的效果喔。

不要讓你生命中的鬼來阻止你生活

對應頻道 203 集

我發現一個滿普遍的現象，那就是在靈學與科學分歧的社會環境底下，人們很容易在看到「神、魔」等字眼的當下就決定了自己的信念，要不是全然地相信，就是抱持完全反對的意見。不過，這麼多年觀察下來，我發現宇宙中的所有存在都是並行的。也就是說，在靈學底下所感受或是發生的事，往往也同時存在現實生活中。

就好比許多現實生活裡的困境可以用靈學的角度去思考解決的辦法，而許多靈性上找不到答案的，也可以換位到現實生活中找到解答。因為這樣的發現，讓我慢慢地察覺到靈性與現實生活有許多平行共存的事物。這也是為什麼我一直深信靈學與科學可以互相輔助的原因，因為這本就是兩條平行共進的路，而不是相互對立。

許多人面對「鬼」的第一個反應就是急著想撇清關係，雖然是摸不著又看不見的存在，但內心還是會對他們產生恐懼。我想要與各位討論的，不只是我們認知中的鬼，而是生活中那些像鬼一樣、同樣讓人看不見也摸不著，卻不斷地阻止我們前進的真實存在——那些隱藏在你生命中的恐懼。舉例來說，你可能小時候曾經犯了錯而受到父母的嚴厲指責，抑或是被周遭朋友們取笑，在那個當下羞愧感會在你的內心形成一種恐懼，如影隨行地陪伴著你長大。這使得你每次只要犯錯就會回想起當時的感覺，又或者是明明事情都還沒有啟動，你就覺得自己一定會犯下什麼錯誤。深植內心的羞愧感讓你害怕重蹈覆轍，也因為這種周而復始的能量投注，導致你的恐懼會慢慢地顯化成為你的實相。這些不斷在你的腦子裡迴盪的「我不夠好」、「我沒有人愛」、「我不重要」等恐懼，其實就像「鬼」一樣，雖然你可以真實地感受得到，但對別人來說卻是不存在的。也正因為這樣的恐懼，讓你相信自己一定會失敗，又或者是落到沒有人愛的地步，於是你會開始說服自己不要浪費時間去做一定會失敗的事，也不要去愛任何有可能會拋棄你的人……，這樣的恐懼像鬼一樣地跟著你，讓你用偏執的視角去看待生命中的許多事。就好像一個覺得自己不夠好的人，只要一出門就會覺得全世界都在批評自己，路人多瞄自己一眼，就覺得鐵定是自己身上有什麼不對勁的地方，甚至覺得大家一定都在背後取笑自己。最常見的狀況就是，兩個原本正在竊竊私語的人，在你靠近之後就安靜了，此刻你內心的自我批評會讓你開始懷疑他們是不是在討論自己。這些明明看不見也摸不著的恐懼，對你來說卻是再真實不過的存在。

其實如果人們了解靈性與現實生活是並行共存的話，就會清楚地知道：當我們在討論自己該用什麼樣的態度去面對鬼時，你也應該用相同的心態去面對生活中的恐懼。之前的文章討論過，面對鬼時最重要的是「知道自己是誰」的主導權，一個能場穩定的人自然不會受到任何靈體的干擾。同理可證，當你們面對生活中那些如鬼魅般如影隨形、不斷地說服你「你不夠好」、「沒有人愛你」又或者是「你做什麼事都不會成功」的恐懼時，你同樣要試著找回自己生命的主導權，而不是把所有的力量交付到他人的手上。當你開始喜歡自己、享受自己的生活，或是學會珍惜保護自己的時候，這些聲音自然就會消散。當一個人開始注意到自己的好，也學會擁抱自己的不完美時，那麼一直以來讓你恐懼的聲音自然而然地也會隨著你自信的增長而消滅。

我們有許多的恐懼大多來自於未知，正因為不了解對方可以對自己造成什麼樣的傷害，所以才會產生恐懼。也因為恐懼的生成，進而賦予恐懼更多力量，讓它們來掌控我們的人生，任由它們在我們的耳邊不斷重覆地貶低我們的價值，讓我們相信自己一無是處。如果你有意識到自己的生活中也有類似這樣的鬼魅存在，最好的方法就是不要去聆聽這樣的聲音，並開始學著愛自己。雖然不是每一個人愛自己的方式都適用於你，但你可以去找到讓自己感到被珍惜以及安全的方法。如果你是因為未知而產生的恐懼，那麼就透過讓自己學習更多相關的知識，去尋找與之對立的證據。就拿前面的例子來說，你可能會因為他人一見到你就住嘴而使內在小劇場大爆發，但有時候你只需要在當下開個玩笑、打個招呼便可以緩衝那樣的氣氛。或許人們只是剛好結束話題，又或許他們真的是在討論你，但把話說開了不是反倒讓你更加輕鬆自在嗎？假若對方真的是愛嚼舌根但與你完全沒有交集，你是否還要浪費時間去在意這些人的想法呢？

人們常常把靈性與現實分開而論，但它們從來都是平行共存的。人們怕鬼是因為看不著、摸不見，那麼這些天天盤旋在你腦海裡的恐懼，又何嘗不是同樣的道理。人們容易對未知產生恐懼，最好的克服辦法不是一味地逃避，又或者是不斷地告訴自己不要怕，而是找到可以正視它以及處理它的辦法。一旦你了解得愈多，你內在的恐懼就會消滅，當你學會克服一種恐懼的時候，你的內在自然也會跟著增長一份力量，不再任由它們來阻止你活出自己的人生。生活中，這些如同鬼魅般存在的恐懼其實才是各位真正需要去克服的喔。

Chapter 2

最好的靈性修行是踏實地生活

吃素、色慾與靈修

對應頻道 212 集

我發現近幾年來，全球吃素的人口變多了。許多人選擇吃素是因為環保，或是不想傷害動物，而非因為許多宗教所提倡的不要殺生。起初我對殺生的解釋也是虐殺動物才算是殺生，直到我開始聽到植物與我交談，或者昆蟲試圖與我溝通時，我才開始重新思考殺生的意義。

殺生，顧名思義就是結束一個生命的行為。或許在眾人的眼裡，有血有肉才是有生命的，但是在靈媒的眼裡，任何可以透過陽光、水和食物自行生長的都是有靈魂的生命。記得兒子小時候常常會無由來地起身為盆栽倒水，我問他為什麼突然有這樣的行為，他總是會告訴我說哪個盆栽告訴他口渴了；又或者是當我去公園露營或是散步時，會聽到樹想要跟我聊天或是分享故事……，在這樣的情況下，我該如何詮釋「殺生」呢？因為對我來說，每一個可以自行成長的生命都有靈魂，都可以與我溝通，也有喜怒哀樂的情況下，不管有沒有見血，只要是結束一個生命都叫殺生，不是嗎？但在所有事物都有生命的前提之下，難不成要我乾脆不吃不喝才可以達到不殺生的結果嗎？

我的靈魂導師在這個時候試圖告訴我：「想不透的事情就試著套用在自然萬物之上，如果無法套用的話，那麼就是不合理的。」他解釋道：「如果什麼都不能吃的話，那麼宇宙萬物也都該不吃不喝，對吧？如果吃素才是正確的，那麼獅子吃肉就是不被上天允許的？」

我覺得人類很容易落入自以為是宇宙最高生物的假象當中。我們自覺比任何生命還要更高一等，卻完全失去與自然萬物連結的能力。也因為這種自以為是的態度，讓我們的感官日漸鈍化。靈魂導師的這番話讓我意識到自然萬物的存在更像是一種提醒與警示。或許正如他所說，當我們遇到想不出道理的問題時，可以藉由將它套用在自然萬物之上來決定是否有合理的答案。我開始思考原野上的所有動物是否可以維持不吃不喝的生活，是否會在意自己殺生或見血？在這個時候，剛好有位基督教的朋友邀請我到他們家作客。他們在用餐之前，會習慣性地先做禱告再用餐。也是在他們禱告的當下，我注意到一種輕快又明亮的橘色能量，從他們的禱告中回饋到他們面前的食物之上。這些我們以為已經死亡、毫無生命的食物，竟然在能量投注之後再度回復到他們原有的靈魂模樣。也就是說，在感謝的過程中慢慢地修復了原本可能支離破碎的靈魂。這個驚喜的發現讓我更加地好奇人與食物之間的互動。也因此，我發現人們在面對食物時，唯一可能與自然萬物相同的，便是感恩的態度。

其實現在的世代已經很少有人是因為「需要」才吃東西，這點與自然萬物是完全不同的。我們會為了宗教、娛樂、壓力，甚至是打發時間而吃東西，我們失去了因為需要而覓食的本能，所以我們需要戒條來告訴我們什麼食物該吃，以及什麼時候該吃。我們同時也被教育吃素才是正確的、見血便是殺生等觀念。

我個人對「吃素」的定義是：學會尊重眼前的食物，因為它讓我多活了一天，讓我有力氣去完成我想做的事。所以，今天不管呈現在我眼前的食物是什麼，無論你所信仰的宗教是什麼，都應該對眼前的食物充滿感激。因為當你有感激之意時，你可以幫助眼前的食物回復原有的靈魂，進而幫助他們進化到下一個階段。這樣的行為對我來說並不算是殺生，因為你並沒有浪費生命，也沒有因此犧牲任何一個無辜的生命。

這個認知讓我很在意小孩在吃飯時的態度。即便面對他們不喜歡的食物，也希望他們儘可能不要抱怨，不要對於眼前的食物投注不好的能量，也不要浪費。因為我發現有很多人雖然揚言自己吃素，卻吃得不高興。即便人家大費周章地準備了晚餐，也會抱怨自己因為宗教不吃鍋邊素而要求主人重新為自己準備食物。有時候特地為對方準備了素食，還得忍受對方一邊吃飯一邊抱怨自己比較喜歡吃雞肉這類言論，卻從來沒有想過在這個過程中已經失去對食物的尊重。其實不管眼前的食物是什麼，又或者是自己喜歡與否的食物，都應該感激他們所給予的能量，讓自己有精力與體力可以創造出想要的人生。因為需要而裹腹，而不是因為欲望而享用，這對我來說才是「吃素」真正的意義。

再來讓我們談談色慾。

在靈修的道路上，很常有人問我：「學佛的人是不是要戒色才能增強靈修能力？」一沿用之前所分享的：如果不適用於自然萬物，那麼這樣的原則是不合理的。如果色慾是該被禁止的，那麼為什麼在自然界中，無論是植物、動物還是人類，都仍然存在著男女之別？難道不都是為了傳承的本能嗎？

當人們對我提出是否應該戒斷色慾時，其實我更好奇的是：為什麼身體的本能要被戒斷？當然，我能理解有些慾望是需要節制的，但很多時候，人們戒斷過度，反而會讓自己的行為變得偏激。而一旦人們產生偏激的想法，就更容易被惡魔所操縱。這也是我不斷地提醒大家，在輪迴轉世的過程中要盡可能地找到平衡的原因之一。

因此，今天當我被問到學佛是否需要戒色才能增強靈修能力時，我認為矛盾點在於我們對慾望的掌控。我們可以戒斷一切，並想盡辦法達到六根清淨、慾望全無的「空的境界」，但這並無法保證能提升你的靈修能力。我身旁有許多通靈的人，他們長期吃素、無求無慾，但這並沒有讓他們的靈修能力變得更好。而我自己是一個十足的肉食主義者，並沒有因為不戒欲而影響到我的感官。

對我來說，情欲是生命的生存本能，為了傳承和延續後代而存在。在合理的情況下，自然沒有需要戒斷的必要。有時候反而是愈想要克制的慾望，愈會因為反作用而產生反效果。

在亞洲，人們常常會把吃素與色慾和靈修做連結，覺得自己只要能夠在不殺生又六根清淨的環境下修練，就可以達到靈修的最高境界。但對我來說，每個可以獨立成長的個體都是一個生命，所謂的殺生並不侷限於要見血才算結束一個生命。但若是基於自然萬物都會因為需求而進食這個前提的話，那麼對食物的基本尊重與感激才是吃素的該有原則，不是嗎？再來，生命有延續的本能，色慾不也是為了這樣的基礎而存在嗎？所以總結來說，我個人認為吃素與戒色對靈修並沒有任何實質的影響，但我也相信有很多朋友可能不認同我的看法。不過就如同我曾經提到的，每一個理論都要自己測試過才會知道究竟合不合用。相信的力量是最大的，今天不論我說了什麼，你相信什麼才是重要的。如果你真心相信吃素和戒色可以幫助你靈修，那麼就不需要在意其他人說什麼了，不是嗎？

放生積功德

對應頻道 214 集

「放生積功德」是在亞洲比較常見，但在國外卻很少見的事。雖然在國外很常看到人們拯救受困的動物後放生，但他們很少是為了「積功德」才做這樣的事。亞洲的生活環境其實是建立在因果報應的論述下，因為佛教常常宣揚人們要多做善事，多積德才會有福報。也或許是因為人們普遍覺得自己的生活很苦，鐵定是源自於上輩子的因才會有這輩子的果，所以為了在下輩子有更好的福報，這輩子就會積極地想要做些善事，好得到老天爺的庇蔭照顧。

一般人對於「善事」最直接的聯想是像慈善機構一樣地捐錢，再者則是幫助受苦的動物不再「受困」，將牠們放生。我個人並不反對做善事，只是認為所謂的善事應該不分大小，也不該是在期待有所回報的情況下執行。當然，這世上有許多動物受到不人道的對待，例如長期被關在籠子裡，只為了繁殖卻沒有受到任何照顧的貓狗，又或者是被關在馬戲團裡用來娛樂群眾的動物們……，我覺得確實有放生的必要。但是我不能理解的是，許多人會花費許多錢去養殖場批購大量的魚，然後私自將牠們放生到荒郊野外。他們不理會當地居民的抗議，也不考慮這樣的行為是否會破壞當地的生態環境，更不用說強制改變魚的生活環境是否會對牠們產生衝擊，只是一味地為了替自己積功德而做善事。想要幫助受困的動物獲得自由，這乍聽雖然合情合理，但在大自然的法則下，強制改變動物原本的生活環境並破壞原本的自然生態是不合理的。這種將自己的主觀強加於別人或別的物種之上並要求他們接受的做法，常常導致被「放生」的魚隔天就會猝死。這就好比我個人覺得加拿大有山有水，空氣又新鮮，所以假如有能力的話，將所有的台灣人都運到加拿大來居住，不顧這個國家是否能接受這麼龐大的外來人口，也不顧台灣人是否能適應這裡有時候低於零下三十度的氣溫，只是單純地因為「我覺得比較好」，所以就強迫任何人都要接受我的觀念和想法，並期望他人感謝我一意孤行的行為，這樣的行為與其說是善行，更像是惡人的做法吧？

但如我之前所說，我比較常在亞洲看到放生積功德的行為。不知道是因為一直以來人們對於「做善事」並沒有一個很好的註解，所以才會衍生出這種自以為是的「放生」行為。當然，我不是說放生是錯的，每個靈魂理所當然地都渴望自由，大自然的環境也絕對比受限的環境要來得好很多。但是就好比我們去領養一隻曾經被虐待過的狗一樣，我們不能期望狗狗一旦改變環境之後，頓時就變得幸福快樂，總是需要給他們一點適應的時間，讓他們適應新的環境並建立彼此的信任。因為一個習慣被關在籠子裡的動物在第一次接觸大自然時，不一定會知道該怎麼辦，可能更多的是不安與惶恐。就像把你丟到人生地不熟又語言不通的地方，你不可能會覺得自己重獲自由，反而會因為陌生的環境而感到焦慮和恐慌。就連剛從水族館買回來的小魚，都需要透過慢慢地加入新水族缸的水讓牠適應之後再放進水族缸裡，才不會因為突然的改變而猝死。總而言之，任何環境的改變都需要適應期，但是這些急著想要透過放生積功德的人似乎從來沒有這樣的考量，只是單純地用一種自以為是的方法在行善，從沒有想過自己的行為可能造成的後果，不自覺地讓放生行為反倒成了殺生。

其實除了大量批購魚隨處放生，我覺得有許多可以取代的方法。與其花錢去養殖場買魚，倒不如專注救援那些真的受困受苦的動物們。這世界上還有許多不見天日的小動物們等著被人救援、正在經歷戰亂的國家或是難民等著被人援助，又或者是正被破壞的自然生態等著被修復等等，這都是我們可以有效執行善行的方法。如果我們可以耐心地幫助他們適應新的環境，而不是因為急著賺功德而強迫他們接受的話，我相信即便是小舉動也可以改變這個世界。世界上有很多的善心人士，比我們還要熱愛動物與自然，他們很願意全天候地投注耐心與精力，慢慢地幫助這些生命回歸到大自然。如果我們自知沒有那樣的耐心，那麼或許可以協助那些有心人士去完成使命。放生不是你親手放了才稱得上是善行，而是每一個渴望幫助靈魂找到自由的行為與過程都可以被列為善行的因緣。真心想要維護這個環境的動機與結果，才是任何善行的基礎。希望這篇文章可以讓各位對於放生與積功德有較明確的了解，也希望未來不會再見到買魚放生的行為。不管在任何的情況下，生命都需要時間去適應新環境，有時候只需要將心比心地站在對方的立場想一想，其實很快地就會知道答案。千萬不要因為急著想要為自己積功德，反倒讓自己種下「殺生」的因果喔。

透過靜坐來連結身心靈

對應頻道 223 集

有一位網友問我：「人可不可以透過靜坐來連接身心靈？是不是也可以透過靜坐跟自己的高靈或是神明溝通？」在回答這個問題之前，我想先花點時間跟大家講解一下「振動」。每個人身上都有一種基本的能量振動，它會從腳底往上至頭頂形成一個球狀，然後再從頭頂中心貫穿到腳底，形成無限的循環，也就是能場。而這個能場的直徑大約是一個人伸直雙臂後，從右手指尖到左手指尖的寬度。一個能量好的人，除了整個能量的振動順暢之外，身體中心的通道也是通暢無阻的。一個愛自己，知道自己價值的人，他的能場在振動上也會顯得強烈。

由於我們大部分的能量會因為情緒或是腦子的邏輯而堵住，這使得身體的能場沒有辦法獲得順暢的振動。長期受到堵塞的能量很容易會形成身體上的疾病，而靜坐正是可能調節振動頻率進而幫助身心靈健康的方式之一。當人們在靜坐的時候，第一件事都是先著重在呼吸上，感受能量在身體內的流動，並且透過呼吸來調節自己的情緒，練習排除腦子裡那些煩心的事。在靜坐的時候將所有的注意力集中在呼吸上，慢慢地將自己拉回到最基礎的振動頻率上。這也是為什麼很多人在靜坐的時候感覺自己特別容易連結到高靈的指示，因為當一個人的能場通順的時候，他在接收訊息上自然不會遇到阻礙。最重要的是，因為在靜坐的時候也同時排除了情緒與邏輯的堵塞，讓靈魂回歸到最原始的狀態，使得接收訊息變得簡單許多。

不過，靜坐雖然可以幫助到你，但並不是唯一的方法。任何可以讓你專注的事都可以幫助調整你的能場。例如有些人喜歡在開車的時候練習呼吸，暫時拋開煩心的事情，專心地開車。又或者是有人喜歡在清晨時分一個人散步，讓自己短暫地回歸到自然的狀態，這些行為都和靜坐有同樣的效果。此外，習慣檢視與反省自己內心的人也很容易創造出通暢的核心通道，因為他們大多是想讓自己活得真實的人。一般來說，只有違心而論的人在能場振動上比較容易堵塞，也就是他們腦子裡想的與說出來的話往往不太一致。這樣的人別說是核心通道，就連周遭的能場也是比較混亂的。此外，人們睡覺時的能場多半與他們清醒時的振動相同。

如上所說，一個了解自己並懂得保護自己的人，他的能場自然就比較強大一些。他們可以依照需求擴大或是縮小自己的能場範圍，但最主要的還是取決於核心通道是否順暢。一旦通暢的話，那麼跟靈魂導師或是高靈溝通自然比較不容易受到影響。而能場不穩定的人，在自己都容易攻擊自己的情況下，又急著想要與靈魂連線，就比較容易讓自己形成開放性能場，允許任何的訊息進入。在這樣的狀態下，我不建議你試著去跟其他神佛溝通。我會建議你先練習靜坐，但重點在於學習穩定自己的能場，先從學會愛自己、擁抱自己以及珍惜自己開始。通常在忙碌的生活裡找一點小小的空間與時間與自己相處，都可以幫助自己的能場穩定。若是發現自己平常就是一個很容易受他人意見動搖，害怕外在眼光的人的話，那麼與其一味地想要與高靈連線，更重要的是先學會愛惜自己，才能慢慢地增加自己「身——心——靈」的連結度。

靈修的基礎是先學會穩定自己的能場。靜坐應該是可以幫助你暫時拋開那些煩人的事，好好地與自己共處的方法。但如果你發現自己在靜坐的時候總是心神不定，又或者是腦袋裡總是有許多自行腦補的想法，那麼靜坐或許非但無法連結你的身心靈，甚至可能產生反效果。在這種情況下，改做一些讓自己集中注意力的事情，會遠勝於透過靜坐連結身心靈的效果喔。

靈修的層次

對應頻道230集

其實我不確定這篇文章應該稱作「說話的藝術」還是「靈修的層次」？但我決定暫且以「靈修的層次」做為主題，以回答網友的問題來做為開場。有網友提到，有時候跟人聊天，會覺得自己的想法明明比對方正確，也很想把內心的想法說出來，但是只要一想到對方會反駁，甚至是不理解自己的時候，想說的話就全部卡在喉間說不出口，情緒也受到影響，內心更因此升起一種藐視與不尊重對方的感覺。

這位網友想知道如何阻止這樣的感覺產生。

其實我覺得一旦踏上靈修的旅程之後，幾乎每個人都會經歷這樣的過程，就連我也一樣。我在靈性的道路上，由於自己的好奇心與好勝心，總是要親自實驗與鑽研每一件事，這使我會理所當然地認為自己懂的遠比那些紙上談兵的人要來得多，有時候甚至會覺得自己有義務去指出他人的錯誤。一直到我的靈魂導師提醒我，靈修的目的並不是為了創立一個宗教去改變他人的想法，而是去尋找所有宗教裡的真理是什麼的時候，我才慢慢地放下身段，虛心地向那些我曾經看不起的人討教，真心地想要找出我過去看不到的真理，這也才讓我意識到自己的無知，並了解我還有多長的一段路要走。

每個踏上靈修之路的人，都一定會經歷所謂的傲慢期，也就是覺得自己知道的比別人多的心態。在早期的文章中，我曾提到，高靈說大部分的人會卡在這個階段而沒有辦法前進。我相信大家都聽過「半瓶水響叮噹」的比喻。當自己什麼都不懂的時候，會虛心求教；一知半解時才會急著想要證明自己而長篇大論。相反地，當自己知道所有道理時，自然會了解每一件事都有它最完美的鋪陳，沒有與人爭辯的必要。靈學之路就像這瓶慢慢裝滿水的水壺，我們無論是從謙卑到自負到尊重，就連「傲慢」也是靈性修行上必須要學習與體驗的功課。當一個人了解每個靈魂的獨立個體性，那麼他自然不會去批判他人，也不會強迫他人使用自己的方法去克服功課。沒有靈魂是完全一模一樣的，我們依照自己個別的藍圖來選擇自己的父母，設計自己的平台，並創造出自己必須面對的功課以及達到的個別目標。也因為注意到每個人的不同，所以會懂得尊重。在不希望別人強迫我們的情況下，我們自然也不會去強迫別人。**如果你不喜歡他人的看法，自然也必須允許別人不喜歡你的理論**。在每一個靈魂導師的帶領下，每個人最終都會用最適合自己的方式成長，無論你喜不喜歡。因為在宇宙底下沒有好壞對錯，也不會對你的行為舉止有任何的批評，完全取決於什麼是最適合那個人的方式罷了。

害怕他人的反駁是沒有意義的，因為他的真理並不等於你的真相。兩個原本就沒有交集的圓，自然沒有必要強迫它們合為一體。但假設現在的你對自己的真相也產生懷疑的話，那麼或許當他人分享自己的觀點時，當中也有部分的事實是你需要吸收的。

在靈修的路上，最重要的基礎是尊重每個靈魂的獨立個體性。當你要求別人接受你的觀感時，請記得也讓自己保持開放的心去接納他人的意見。我不可能建議各位把話壓抑在心裡，因為這樣的習慣會累積成疾。只不過，如果在表達之後無法得到對方的認同，也不需要急著躲進「這個世上沒有人理解我」的黑洞裡。

與其急著想要拯救世界、改變大眾的思想，不如先回頭把自己的日子過好，活出一個真實的人生。到時候，就算你不開口，別人自然也會理解自己的理論是錯的。如果每個人都可以把精力用在管理自己，那麼這個世界就會是一個比較好的環境了，不是嗎？

你永遠可以表達自己的想法，但沒有說服他人的必要。若是遇到理念不合的人，報以一個微笑就不需要繼續爭辯了。你要尋找的是志同道合的人當朋友，而不是老是將自己放在不對的環境裡做些讓自己煩心的事。靈修之路其實就像是把一瓶水裝滿的過程，即便是體驗到驕傲的感覺也是正常的。一旦你了解靈魂的獨立個體性，自然可以幫助你破解這種傲慢。等到有一天，你開始學會接受任何存在的時候，你就會發現那種輕視他人又傲慢的感覺再也不會出現了。

死藤草、大麻對靈性提升的幫助

對應頻道235集

有一陣子我經常聽到朋友推薦死藤草，主要是因為坊間流行使用死藤草來協助靈性提升。也有人告訴我，大麻在某些宗教中被視為聖草，古時候也有人用它來提升靈性，甚至到現在仍有許多人抱持這樣的信念。

這讓我想跟大家談談我對死藤草和大麻的看法。不過在開始之前，我想先聲明，我不是醫生，任何用藥都請先詢問專業醫生的意見。此外，我對世界上的任何事物都沒有太大的意見，唯有當人們過度依賴某件物品而成癮時，我才可能會產生偏見。人們對物品所附加的意義往往是混淆他們觀感的主要原因，就像人們相信自己必須喝咖啡才能保持清醒一樣，但這不表示必須有咖啡因才能保持清醒，而是因為人們已經對咖啡因產生依賴。

大家都知道我向來是個意見很多的人，對於任何過度使用而造成的不平衡，特別有意見。如果真的想要在靈性上有所提升，請先理解「在這個宇宙底下沒有好壞對錯」的觀念。

當然，一定有許多人覺得這樣的觀念並不合理，因為如果這個宇宙底下真的沒有好壞對錯的話，豈不就沒有任何準則了嗎？其實對靈性愈了解到某種程度，愈無法分辨真正的好壞究竟是什麼。就好比因果，有些人在這輩子是個大善人，但卻是藉由上輩子當過十惡不赦的壞人悔改後的結果；又或者上輩子當過受害者的人，這輩子選擇成為加害者，就為了透過體驗兩個極端的身分去理解平衡的道理。

因果看得愈多，愈發現這個世界上的所有存在都有它的道理，不管在你的個人觀念裡覺得它們是好的還是壞的。就像人們覺得是毒品的古柯鹼，也幫助過許多人走出戰後創傷。

不過，也正是因為這種「沒有好壞對錯」的觀念，所以當人們興奮地向我介紹什麼東西好之又好的時候，我的腦子也不禁會有所質疑。近幾年來，流行使用藥草來提升靈性感官，許多人都信誓旦旦地宣稱這些古代藥草不只能夠安全地開發靈媒體質，而且還能夠讓他們更接近上帝。

其實早在十幾年前，朋友就跟我提到死藤草的事情，當時還沒有那麼多人在研究，但已經讓朋友躍躍欲試，老是纏著我問使用死藤草會不會加速提升她的靈性感官。當時的我對這個名詞一點概念也沒有，甚至不知道它的用途，但直覺卻告訴我它會傷害腦後下方的位置。然而我不是醫生，向來只會靠直覺回答問題，所以當人們努力地向我證明死藤草有益無害，真的可以提升人的靈性時，我一點也不想爭辯。反正我對它沒有任何的意見，只是單就我的直覺來回答問題，只要不成癮，我給朋友的回答往往是：「如果你真的想試就去試吧。」

我向來很有興趣研究人的行為模式，也很好奇是什麼因素導致人們容易上癮、無法戒斷又重複成癮。當然，所謂的成癮也不一定是毒品，可能是煙、咖啡、糖，又或者是賭博、囤物等行為。也是基於這樣的出發點，讓我不斷地想要在眾多的案例中找到相同的模式是什麼、什麼樣的人會想要使用死藤草／大麻、實際使用後的結果、使用頻率、成癮機率以及長期使用的影響……等等。

曾經有個年過半百的客戶來問我同樣的問題，她聽說服用死藤草對靈性有很大的幫助，所以想聽聽我的看法。其實任何有關醫療的問題，我通常會建議客戶先詢問醫生再做決定。她原以為我會因為她的年紀而反對她嘗試，沒想到我卻說：「如果在與醫生確認過可以的情況下，當然可以。你都活到這把年紀了，應該是好好地去享受人生，而不是一直活在擔心與恐懼底下。」

與其說死藤草會幫助人提升靈性，我卻覺得這就跟使用任何藥物的模式是一樣的。可能使用者原本的生活就是壓抑的、不快樂的，透過使用某種物品，無論是酒精、煙草、鴉片、大麻、死藤草或搖頭丸等等，而得到短暫的解放，覺得那好像才是真正的自己，以致於理智回復到現實之後，又因為一成不變的壓抑、不快樂，而渴望用藥時的感覺，造成無止盡的循環，也就是人們眼中的成癮。

因此，與其說人們追求的藥物可以帶給他們解放感，我覺得更像是短暫逃離自己的身分與現實生活的壓力。

現實生活中有許多的重量是人們不知道該如何釋放的，像是父母對自己的期待、自我的期許、工作壓力。當我們習慣將這些重量壓在自己身上時，就會忘記如何適時地解放自己、放過自己。而正好這些藥物往往有舒緩神經的作用，讓使用者在使用的當下不會因為想太多而放不下。

當然，也有許多人跟我抱怨，不管自己再怎麼努力就是放不下，所以才必須藉助酒精或大麻來幫助自己進入那個狀態。但如果大家真的了解上述的道理的話，就會清楚地知道，現實生活裡你並不需要這些物品來幫助你達到那個狀態。人們之所以使用藥物，只不過是你可以為自己「不負責任」的行為找到一個推卸責任的合理藉口。

這些藥草並不是幫助你靈性提升的要件，充其量只是個管道。只要你願意改變自己的行為，就算不透過任何的藥物也可以讓自己達到相同的境界。每個人只要每天願意花個五分鐘的時間與自己對話，為自己的人生做一點改變，那麼它的作用跟這些藥草的效果是一樣的。

人生中，有許多思想讓我們認為自己必須要有其它的要件來幫助我們變得完整，但其實靈魂本身就是完整的，不需要透過任何的人事物來幫助我們達到那樣的結果。**只要一個人願意相信自己，那麼他的信念自然會帶領他去創造出他想要的生活。**在你放不下的時候，想想自己真正害怕的究竟是什麼。與其借助藥草，我認為克服內心的恐懼才是真正可以幫助你提升靈性的最好方法。當一個人活得愈自在，他自然會有種全身輕盈、沒有壓力的感覺，就如同使用藥草的感覺一樣。而這只要每個人每天願意花五分鐘鼓勵、安慰以及督促自己就可以了，完全沒有會成癮的擔憂。

回頭單純就死藤草和大麻做討論，我覺得它們與提升靈性沒有直接的關係，只不過是個讓人們可以在短暫時間內「放下」的管道。在這麼多年的諮詢經驗中，我親眼見證它們所帶來的影響其實遠大於所謂的「靈性提升」。所以與其依賴它們，學會相信自己並面對自己的恐懼才是最長遠的方法。

上癮

對應頻道 236 集

在上一篇文章中我們討論有關死藤草對於靈性提升的幫助，這一篇我們單就「成癮、上癮」來做討論。如之前提到，我對任何事物都沒有意見，只有當人們過度使用以及失去平衡的時候才會反感。因為任何事物或狀態一旦失去平衡必然會造成問題，即使這些事物在人們的認知裡是「健康的」。

在這些年的諮詢經驗中，我很常遇到有成癮問題的人，他們總是宣稱自己再怎麼努力都戒不掉他們的癮。有些人說自己已經抽了四、五十年的煙，每天要是不抽上幾管就感覺自己快死掉，也有人因為身體病痛的關係而需要使用內含古柯鹼的藥物。我對於研究人的行為模式很有興趣，也感謝除了客戶之外的廣大網路資訊讓我得以做觀察研究。其實我個人對於咖啡，就不知道試圖戒過幾百次了。你知道除了毒品與咖啡因之外，糖與碳水化合物也可以使人上癮嗎？這世界上的任何食物，吃久了都可能產生依賴，特別是在排毒的過程中，你可以清楚地感受到今天如果要戒掉某項東西，身體就會對那樣特定的東西產生戒斷反應。

我在上一篇文章提到，人之所以有成癮的行為，是因為他們無法在現實生活中表現出自己真正的樣子。使用藥物後，人們會暫時感受到解放和釋放壓力的感覺。再加上不願意面對和解決現實中的實際問題，使得他們不自覺地想要回頭使用相同的藥物以重複體驗那樣的感覺。這也說明了成癮和藥物之間沒有直接的關係，而是身心靈對其產生的依賴。我們一直生活在強調大局為重的環境中，忽略了自己的感受，再加上社會對於自身的期望，在這樣的環境中，人們更容易失去自我。長期忽略自己的情緒和身心靈的需要，導致每個人都有某種程度的壓抑和抑鬱，這使得人們更想透過藥物短暫地解放自己，達到自在的狀態。但現實是殘酷的，不願意面對的問題不管過多久都不會消失，還可能變得更加嚴重。過度依賴藥物會讓身體產生抗藥性，反而需要更強效的藥物來達到相同的效果，這也是為什麼成癮者常常有過度使用藥物的傾向。

曾經有一個實驗在證明古柯鹼不是使人上癮的原因。該實驗針對那些因戰爭受傷而需要用古柯鹼減輕疼痛的人進行了長期的觀察和實驗。他們發現，在得到家人支持和愛的使用者身上，古柯鹼會自然地被戒斷。而那些完全沒有家人支持和愛的人則有持續使用並成癮的傾向。這證明了古柯鹼本身不是讓人成癮的原因，而是因為人們在現實生活中感受不到愛，才會藉由古柯鹼來鈍化自己的感官。

所以，與其說服自己需要仰賴特定的藥物，最好的方法是思考自己在使用藥物時，想要追求的感覺究竟是什麼，以及想要逃避面對的問題是什麼。然後試著在現實生活中創造出相同的感覺並解決想逃避的問題，以取代自己對於特定藥物的依賴。如果你意識到自己有任何成癮問題並有心想要戒斷，我認為首先需要意識到自己是否「被說服了」，例如「我就是壓力胖」、「我不喝咖啡就沒有辦法醒來」或「我沒有抽根煙就全身不舒服」等等。先學習戒掉這樣的字眼，然後觀察自己每次借助這些物質時所要尋找的感覺是什麼，以及如何在現實生活中創造出相同的感覺。

例如，如果你想追求無憂無慮的感覺，是否可以透過畫畫時除了上色之外什麼都不管的行為來取代呢？接著，思考自己想要逃避的問題是什麼，以及如何解決這些問題。例如，如果你不敢表達自己又害怕人群，是否可以透過強迫自己去表達自己的想法以及面對人群來增強勇氣呢？任何物質都只是一個替代品，所以要好好地思考你真正想要它替代的東西是什麼。靈魂因為有壓抑才會感受到痛苦，只要透過一點點的觀察以及勇敢地面對自己的恐懼，你一定可以找到問題點以及解決的辦法。沒錯，這的確需要人們嘗試走出舒適圈以及面對自己的恐懼，但最終的結果絕對是值得的。

大多數的人浪費很多時間在思考問題上，卻從來不願意尋找解決辦法，又或者明明知道該如何解決，卻沒有勇氣去執行，這導致大多數人永遠原地踏步，問題也從未獲得解決。

靈魂投胎是為了追求他一直想成為的模樣，好好地想想：**現在的你，真的是你**

的靈魂想要的樣子嗎？如果不是，那麼你可以做些什麼來改變現狀呢？其實人們只要願意跨出第一步，接下來的路就不會那麼難走，也會開始看到沿路的美好風景。

生活中有許多事都是需要先試了再說，而不是光靠腦子想就能想出結果。勇敢地追求自己靈魂想要的，慢慢地累積自信，當一個人的內心感到完整並能活出靈魂想要的樣子時，他自然不需要依賴任何藥物來達到那樣的境界，也不會有成癮的問題。

行為上的成癮

對應頻道 237 集

你知道有些成癮不僅僅是物質（substance）上的，也可以是某種特定的重覆行為嗎？接下來所討論的「行為上的成癮」，不是針對那些在醫學上已經證實、人們耳熟能詳的行為，而是反覆性的行為。

所謂的行為上的成癮就是一種慣性又無法克制的行為舉動，你可能明明知道做這件事是不對的或是不理智的，但你就是無法阻止自己重覆這樣的行為。通常行為上的成癮不像物質上的成癮那麼容易讓人注意到，常常被社會大眾忽略。往往等到積少成多，開始造成生活上的困擾時，人們才會開始關切這樣的行為。

我個人的研究發現，行為上的成癮背後的原因可能會比物質上的成癮還要來得複雜。

就拿我個人來舉例好了，大家都知道我是個外套控，明明家裡已經有穿不完的外套，但我每次只要看到好看的外套還是會忍不住地買下來。此外，我還喜歡購買香料以及貯藏食物。明明冰箱裡的食物存量可以確保全家人一整個月都不會餓死，但我還是忍不住想要把冰箱填滿，因為只要冰箱一空，我的內心就會莫名地焦慮。

當然，有許多人認為這種行為並無大礙，也會幫我找到合理的解釋與藉口。但就如同上述，大部分的行為成癮都是在明知道不合理的情況下，仍舊無法控制自己的行為，無論那個行為是什麼。這樣的行為通常都是當事人自己注意到，而不是由第三者指出才算是成癮的行為（其實等到第三者注意到，往往已經是嚴重的成癮行為XD）。

行為上的成癮和物質上的成癮不同，因此對待這兩種成癮的方式和態度也不同。物質上的成癮通常可以透過他人去察覺，進而用戒斷的方法來改善；但是行為上的成癮由於不容易讓人察覺，再加上容易用合理的解釋和藉口掩飾，所以通常不會被認為是問題，也不會被視為是需要改善的行為。因此，往往要等到當事人自己意識到問題存在時，才有辦法真正著手處理和改善。如果內在情緒沒有被處理，相同的行為還是會重覆發生。例如，我有貯存過量食物的行為，是因為我小時候常常寄宿別人家，處於飢餓狀態，使得我的潛意識很怕再回到那樣的狀態，因此想要確保冰箱裡永遠有食物。即使超市離家不到一條街的距離，但總是比不上冰箱裡有滿滿的食物讓我感到安心。這和許多人一拿到錢就急著想要全部花掉的行為是一樣的，因為內心想要餵養那種匱乏窮困的感覺，所以透過消費來短暫滿足那種富足的虛榮感。又或者是有些人明明渴望與人的連結，但一旦進入關係就會不自覺地破壞那段關係。

事實上，所有行為上的成癮都是想要滿足內、外兩種情緒。外在情緒通常是為了滿足邏輯所創造出來的需求，而內在情緒則是為了安撫內在小孩長期以來的感受。就拿我這個外套控來舉例，買了外套可以滿足「我是暖和的」的假象，也可以短暫地安撫內在小孩「感受不到溫暖」的設定，所以當我再度產生「買外套」這樣的行為時，我不僅要理智地告訴自己沒有「再多買一件外套」的必要，我還需要對內跟自己的內在小孩討論，是否這段時間他又無法感受到溫暖，又或者是我可以為他做點什麼事情來取代「買外套」這件事。我不會像處理物質成癮採用完全戒斷的方法，而是用循序漸進的方式慢慢地改善成癮行為。例如以往每次看到好看的外套就要買，可以改成看到五件買一件，等到養成習慣後再改成每十件買一件。

行為上的成癮必須當事人自動自發才能改善。藉由對這種習慣性行為的覺察，並**深入了解其背後的意義和所要追求的感覺，再透過與自己內在小孩的對話，逐漸改善行為成癮**。雖然有少數的行為成癮是因為前世經驗造成的，但大多數都可以從這輩子所經歷的事情推斷出來。

由於行為成癮容易被合理化，很少像物質成癮一樣容易被人察覺，因此通常只有當事人本身意識到才能夠改善。一個人可能有許多需要改善的行為成癮，但建議一次只針對一個行為來處理，而不是一次就想要改進所有行為，這是因為通常人在面對過於複雜的事情時，會因力不從心而容易放棄。

此外，由於大部分的行為成癮都與內在小孩的設定有關，因此對自己要有耐心。當這種行為再次出現時，應該仔細想想自己的內在小孩真正想要滿足的是什麼，好好地安撫自己並學會與自己相處，這可能比從事特定行為帶來的短暫滿足更有意義。當內心情緒平衡時，這種無法克制的行為也會得到改善喔。

人類的意識是不是可以到達外星地方？

對應頻道 241 集

在靈魂不受限於時間與空間的情況下，我對這個問題的簡短回答是：可以。但請允許我說得更詳細一些。

由於靈魂不受時間和空間的限制，因此當靈魂出竅或冥想時，他可以穿越過去、未來，也可以去到地球的任何一個角落，甚至是外太空。

雖然許多人覺得在靈魂旅行的狀態下什麼也看不到，但所謂的時空旅行實際上需要「參照點（Reference Point）」才能到達目的地。換句話說，你必須知道自己要去哪個地方，而不能讓自己的靈魂漫無目的地隨意地選擇一個地方。

在這麼多年的諮詢中，我有時候會看到自己無法解釋的科技與物理現象。有些時候我所看到的影像根本無法用人類的語言來形容，甚至是在我的靈魂記憶裡也從來沒有存在過的資料。說穿了，對我的靈魂來說，這是一個完全陌生的環境，有些經歷可能需要客戶提供一個參照點，我才有辦法了解，就像是他們會陳述一個夢境或是一個無法解釋的身體反應等等。在沒有任何參照點的情況下，人們會不知道自己要去哪個時空或是哪個地方。就像是你要出國，也得先知道自己要去哪個國家才能買機票。同樣的道理，無論是行星、銀河系，又或者是任何一個遙遠的時代，都需要有參照點才能為你的靈魂引路。

所以整體來說，人的意識可以旅行到外太空，但前提是必須有參照點。你也必須給自己練習的時間。大多數的人在沒有練習的情況下，可能無法旅行太久，又或者會有很嚴重的身體反應。但是隨著你的練習，你的靈魂可以觸及更遠的地方和時空。有時候人們可能做了一場極其真實的夢，這也可能是靈魂往外跑的證據。總之，我相信宇宙底下有各式各樣的存在，而時空旅行是件遲早會發生的事。或許有一天，到外太空或是到某一個時代會像買飛機票出國一樣簡單。只不過在我們有辦法毫無限制地靈魂旅行之前，我們還是得先學習「尊重」的課程。就好比我們出國時，沒有辦法用自己的認知去強迫別的文化接受，而是必須先達成共識，才能讓自己的旅行劃下完美的句點，不是嗎？

對於靈學的不同接受度

對應頻道 243 集

不知道大家是否有注意到，每個人對於靈學的接受程度各有不同呢？有些人可以接受靈魂會不斷輪迴投胎的說法，但有些人就是完全不能接受。由於靈魂具備獨立個體性，每個人的人生平台、功課與藍圖自然有所不同，而這也會造就各式各樣的人，像是靈媒或麻瓜、感性或理性的人。

其實在我的個人觀感裡面，每個人對於靈學的接受程度並沒有好壞高低的差別，只不過是靈魂依照個人所需而安排的設定罷了。你們會慢慢地發現在宇宙底下，凡事都有一體兩面，任何事物都需要兩種對立的能量共存才能保持它的平衡。相信靈學的人比較信任自己的感官，而相信科學的人比較堅持自己的邏輯理論，對我來說，兩者都有存在的必要。因為所謂的平衡是透過不斷地爭辯與磨合才能慢慢地摸索出來。

如果單純地用靈學過日子是不切實際的，但完全依照邏輯的方式生活也挺痛苦的。為了找到最適合自己的平衡點，最好的方式是以自己做為出發點，去觀察身旁與自己相同和對立的立場，然後去加強或是改善自己的觀點，進而創造出自己最想要的人生。

兩個人之所以會產生對立，一般來說是建立在彼此的功課需求上。目的不是為了讓其中一人傾斜地配合另外一方，而是彼此都有需要調整的地方才能達到平衡點。如果你的接受程度比對方高一點，那是因為這樣的認知符合你這輩子所要完成的功課與目的，也可以幫助你繼續往想要發展的方向前進。

但無論你是相信靈學還是科學，接受程度的多寡都是有道理的。因為如果身旁沒有其他的聲音，就不能幫助我們用另一個角度去思考，那麼理所當然地，就沒有尋找平衡點的需求。一般來說，輪迴次數較多的靈魂對於各種觀念的接受度會比較高，這源自於他們靈魂累世累積的體驗，讓他們不會輕易地去批評與自己不同的論點。就好比一個從來沒有出過國又只吃披薩與漢堡的人，在他的認知裡會以為全世界的人都吃披薩與漢堡。如果有一天有人拿了一盤壽司給他，他可能會第一時間產生排斥與不能接受的反應，但是這樣的反應會隨著他日後出國的次數愈來愈多而得到平衡。

人們面對自己不熟悉的事物時，往往會以「排斥」作為直接反應，這源自於靈魂內建的自我保護機制。如果一個靈魂在經歷了許多體驗之後，即便在不了解的情況下，他們的接受程度自然會遠比其他人還要大許多。因此，強迫他人接受自己的想法是沒有任何意義的。因為即使這樣的理論是他們需要消化與吸收的，他們也會自行反思，不需要別人的強迫。反之，如果這樣的訊息不是他們需要的，那麼就算有一百個人在他們面前傳教，他們也聽不進去。在具備獨立個體性的靈魂的鋪陳下，每個人要做的功課都不一樣，如果人們無法接受你的理論，那麼就請理解那是他們特有的鋪陳，也是他們不需要理解的資訊。既沒有必要生氣，也沒有必要去說服，因為理解與尊重才是面對對靈學有不同接受程度的人最好的方法喔。

道教與吃牛肉的限制

對應頻道 250 集

今天想要跟大家討論「道教與吃牛肉上的限制」。原以為這件事跟所有的宗教都有關係，但後來我覺得實際影響較深的似乎只有道教，就好比回教跟吃豬肉有關係一樣，所以就以道教與牛肉作為主題。

有位網友提問：「為什麼宗教總是限制我們不能吃牛肉？這是不是因為牛比較有靈性，所以才不能吃牠？」生長於道教的背景，我家大部分的人都不吃牛，我覺得這是建立在幾千年傳承下來的觀念。由於亞洲是農業社會，在務農的時代，人們需要牛來幫助他們種田收割，這與只會生蛋的雞或是成天睡覺的豬相比，就讓人明顯感覺到牛的勤奮與重要性。也因為幾千年傳承下來這些觀念，讓我們對不同的動物產生不同的態度。

這跟回教不吃豬肉其實是一樣的。有些回教徒覺得他們之所以不吃豬肉，是因為豬曾經是神聖的象徵，但隨著時代的演進，豬成了不乾淨以及容易滋生病毒的帶原體，所以回教徒依舊堅持著不吃豬肉的傳統。關於這部分其實跟不吃牛的意義演化史是相同的，從因為需要牛而不吃牛，到吃牛是殺生的行為，又或是生肖同屬牛、命理格局不宜所以不能吃是同樣的道理。

我覺得吃不吃什麼動物跟宗教背景、信仰、生活環境以及民族意識有很大的關聯。當然，有些人吃牛肉真的會過敏，但這很可能是因為在那個人在過去生命中與牛產生了不好的連結所導致。我們的身體是靈魂的工具，會依照我們靈魂的設定做出反應。如果靈魂在過去與動物的互動中有不良的經驗，那麼今生的身體就可能對相關的動物產生不良反應。

亞洲人普遍相信「吃什麼補什麼」和「吃什麼像什麼」的理論，所以有些人說之所以不能吃牛是因為吃了會有牛脾氣。這讓我覺得有點有趣，因為如果這個論點合理的話，那麼吃牛的人應該也有強壯耐勞的體格才對吧？

不過，今天暫且以我個人觀念來回答「為什麼道教對於吃牛有很多限制」。我覺得這建立在我們幾千年下來的傳統，我們相信牛是勤奮耐勞的，這使得我們在吃牠的時候會產生罪惡感。至於牛的靈性是否比其他動物高，我個人無法回答這樣的問題，因為我覺得任何生命都是靈性的存在，並沒有高低的差別。一個靈魂的靈性不會因為它的外型與種類而有所改變，更不能一概而論。

我姊不吃牛是因為她屬牛，我妹不吃牛是因為她會過敏，我在探索她的靈魂資料庫時發現，她的前世真的有被牛群輾壓致死的記憶。至於為什麼只有道教有這樣的限制，我想就歸因到我們幾千年傳承下來的宗教背景影響吧。如果你不覺得自己有受到任何宗教影響的話，那麼最好的方法就是親身實驗過後才會知道這件事到底適不適合你。我不是叫你大塊吃肉，你可以淺嚐一口看看自己的身體是不是有任何的反應，以此推斷自己是真的不能吃，還是單純的因為周遭的限制而覺得自己不能吃。

如果你吃了之後身體沒有任何反應的話，那麼你可以往內在探索自己是否有罪惡感，或者是有任何的感覺。如果有，那麼我建議或許還是別吃，因為若是你沒有辦法處理它所引發的後續情緒，反而得不償失。由於每個人都不一樣，所以能不能吃牛肉的準則自然會不同。重點不是來問我這樣的行為合不合理，而是去了解自己的身體是否可以接受這樣的食物。在食用的時候，注意一下自己身心靈上的反應，那才是真正可以回答你的答案喔。

靈擺擺動的原理

對應頻道 248 集

今天我要盡可能地以我有限的知識來解釋靈擺擺動的原理。之前介紹過任何生命的能量都是由腳底到頭頂，呈現球狀的三百六十度運轉。但是，慢慢地你們會發現這宇宙底下的萬物都有正反兩極，也就是 Positive 與 Negative。這並沒有好壞對錯的差別，只是單純的正負能量共存的道理。換句話說，我們有放射出去的能量，也有接收能量的感官。以我自己為例，如果我的腳是放射能量的點，那麼我的頭就是接收能量的點。如果有一個發射的點，自然會有一個接收的點，就像是我的左手專門負責吸收能量，而我的右手則是負責發送能量。（這是因人而異的，與左撇子或右撇子沒有關係。）

你要知道的是，任何事物都有正反兩極，只要是能產生正反兩極的事物（一般是生命體或能量儲存體），都可以透過它的正反兩極製造出電流（Current）。

當一個人身上擁有良好的能量時，它的正反極能量不會直線上升，而是會呈現螺旋狀的交流狀態，看起來很像 DNA 的圖形，而它的旋轉方向會由正極驅動或負極驅動來決定。正極驅動會以順時針方向旋轉，而負極驅動則會以反時針方向旋轉。

當一個人產生任何想法時，能量會短暫地聚集在大腦，然後根據想法的內容發射出去，看起來很像是電波球。如果一個人的大腦容易產生雜念，那麼他們發射的電波也會相對地偏離目標方向，就像一根不受控制的發射電波的電線桿。這些意識看似是電波，實際上是由密集的振動組合而成。你的想法會產生振動，並且會根據你所專注聚焦的對象發射出去。

這是在理解靈擺的擺動原理之前，我們必須了解的基本道理：這個世界上萬物都有正反兩極，而我們自身也是一個振動的存在。振動看似是上下左右的擺動，但實際上是一種螺旋狀的旋轉方式。它的正負極驅動決定了旋轉的方向是順時針或逆時針。有許多人會誤解所謂的「負極驅動」指的是那些充滿負能量又抱怨不停的人，但實際上，正負極並不是如此決定的。通常，心口比較合一的人由於能量上沒有阻塞，屬於正極驅動。而平時習慣違心而論的人，能量上產生矛盾，導致電波逆流，形成負極驅動。簡而言之，矛盾的能量才會導致逆向的電流。

如果了解以上的原理，就會知道靈魂一旦產生意念，再配合自己的能場，就會決定是正極還是負極驅動。靈療師會把能量集中在輸出的手上，再傳送到被療癒的人身上，而傳輸的旋轉方式則是由靈療師的驅動方式來決定。靈擺也是相同的道理，人們一旦產生問題，自然也會開始發送意念。由於手握著靈擺，所有能量會開始凝聚到手上，希望藉由靈魂導師來解答自己感到困惑的問題。清晰的思路與互相拉扯的思路自然會產生不同的迴旋方式。

除了上述的球狀能量之外，其實每個靈魂身上都有不同的能量中心，也就是人們認知的脈輪。這些脈輪的振動方式屬於相對平面的迴圈振動，這也是為什麼有些靈療師會透過靈擺來測試你身上的能量是否通順的緣故喔。

精油是否可以改變你的振動？

對應頻道 249 集

長期追蹤我的人一定常常聽到我說「宇宙底下的萬物都是振動的存在」。這個意思指的是，無論是有形或無形的存在，都是由不一樣的原子振動組合而成的，包括身體、意識、聲音、空氣、情緒與五感……等等，全都是振動的存在。密集的振動頻率會形成實質的物質，而看不到的存在則是以較為快速或是寬廣的頻率在振動。如果不能完全理解，也請暫時用這樣的原理去假設所有的存在都是一種振動。

此外，在之前的文章中也有提到，任兩種元素湊在一起都會產生化學反應。當一種振動頻率與另一個不一樣的振動元素交會的時候，兩者也會相互產生化學反應。因為彼此的振動頻率都會受到影響，可能會產生完全不一樣的振動，又或者是激盪出完全不一樣的反應。

如果了解上述的兩個原理，就知道味覺本身是一種振動，而不同的味道也會產生不同的振動頻率。例如，木質香味屬於振幅較大又寬的振動，而花香味則屬於較快又密集的振動。每個味道都有其獨特的振動頻率，因此在使用精油時，可以藉由不同的振動頻率來改變自身的振動頻率，這是完全有可能的事情。

然而，同一種精油對於每個人所產生的改變可能是不同的，這是因為每個人都是靈魂獨立的個體，同樣的東西不可能適用於所有人。這也是為什麼每個人都有自己喜歡的香水或偏好的味道。此外，有些讓人感到療癒的味道在某些人身上可能會產生相反的效果，讓他們感到不適。

這樣的效果不只侷限於精油，而是任何振動的存在，包括行為、聲音或是初衷改變等等。所以在現實生活中不管你做了什麼樣的改變，諸如靜坐、冥想、閱讀、音樂、飲食習慣……等等，全都會改變你的振動。因此我給各位最好的建議是，與其盲從地使用別人說有效的事，最好的方法就是自己親身實驗後再做決定。因為那些事情適不適合你，往往在你實際試驗之後就可以立即見效。不過，這並不代表一個當下不適合你的東西，永遠都不適合你。隨著靈魂的成長，又或者是生活環境的改變，每個人的振動頻率可能會受到影響而改變。依據每個人的能場改變頻率，建議各位可以給自己九個月到三年左右的間隔時間，重新測試相同的東西是否會對自己造成相同的結果。

此外，即便是相同的物質透過不一樣的廠商生產，也會製造出不同的味道。這源自於生產者的初衷會使他所生產的產品產生不同的振動。也就是說，不要一竿子打翻所有船。有時候，貨比三家搞不好真的能找到讓你感到療癒的味道。坊間有許多主打可以改變你能場的精油，但說真的，在這段靈學旅程中，我測試過許多的味道，不是每個品牌或昂貴的產品都有它宣稱的效果。所以還是一句老話，請自己親自去使用過才會知道對你有沒有效。

精油也有淨化空間的功能。當精油被蒸發或是燃燒時會還原它的原型，這可以幫助它擴展空間密度，將不乾淨的振動推出空間之外。

話說回來，如果你自認為對自己還不夠了解，那麼與其花錢購買很多東西試圖改變自己的能場，不如多花一點時間投資在自己身上。多認識自己以及對內探索，多發掘以及認識自己喜歡或是不喜歡的事物，這些認知才能夠真正地幫助你找到最適合自己的產品喔。

Chapter 3

嗨嗨，請問靈魂

尊重與同理心

對應頻道 206 集

記得很久以前曾經跟大家討論過，亞洲社會是建立在「因果」的理論基礎下。雖然大部分的亞洲人認為因果是惡行的果報，但其實因果並沒有所謂好壞對錯的差別，而是宇宙底下維持能量平衡的方式。這種能量不是靠一般人的思想與邏輯就可以改變的。話雖如此，但也不表示我們面對因果時只能任由擺佈地接受它的懲罰與獎賞。

我曾經說過，在因果報應的循環下，我們唯一能夠做的就是「尊重」。因為因果報應是建立在以尊重為前提的基礎之上。也就是說，如果你的任何行為是以尊重為前提，那麼果報就不是你需要擔心的事了。或許人們對於「尊重」二字的看法是覺得自己說話時要恭維一點、態度和善一點，但這是把尊重誤解為讓自己成為卑微的樣子，讓人更難理解尊重究竟是什麼。

我發現當人們面對自己不了解的東西時，很難做到尊重的行為，這大多來自於人們對未知的恐懼。因為人們對於自己不熟悉的事物，會本能地產生自我保護或是防禦的機制，並反射性地想要排擠對方，進而讓人產生不尊重的感覺。隨著你對那件事物的了解，才會逐漸地消除你原本排外的恐懼。

討論這個話題是因為我發現尊重跟同理心其實有很大的關聯性。也就是說，一旦我可以了解對方的立場與體驗，我會自然而然地因為感同身受而理解對方與自己不一樣的想法與做法，進而做到所謂的尊重。話雖如此，卻沒有任何靈魂可以完全理解他人究竟體驗了什麼，或者是有什麼樣的感受。靈魂是一趟自私的旅程，由於每個靈魂輪迴的次數不一樣，經歷與想要達到的目標也不一樣，所以沒有人可以完全理解另一個人的感覺。即便是同卵雙胞胎在完全相同的環境下長大也會分裂成兩個不一樣的個性。

正因為每個人都有自己專屬的體驗與認知，所以接收到任何訊息與互動時，都會以自己的片面認知去做評估與推斷。這也是為什麼我說要站在別人的立場去真正地了解他們經歷過什麼是完全不可能的事。也就是說，因果循環建立在尊重的基礎上，而尊重又必須以同理心做為基礎，但是人們永遠無法完全地同理他人。不過這並不表示人們需要因此感到沮喪。

不知道大家有沒有發現，同理心大多建立在自己對於事件的揣測之上。我們用自己的立場去猜想別人的體驗會是什麼樣的感覺，但要做到彼此認知完全相同其實是很難的。即使在諮詢的時候，我可以運用自己的靈媒感官轉換成你的立場，再用你的思考邏輯去理解你所經歷的事，仍然不能避免我原有的邏輯所產生的濾鏡。也就是說，無論我多麼努力地地想要成為你的角色，也永遠無法真正地體驗你的感受，這才是我真正想要說的重點。

現今社會所教育的「同理心」是期望你能夠站在對方的角色與立場去思考，但大部分的人若是沒有親身經歷過那樣的事，根本很難做到，這導致我們無法理解究竟該如何尊重——人們無法尊重自己不了解的事物，也會因為未知而產生恐懼，並反應出排擠的行為。所以，在此我想將同理心分解得簡單一點，讓大家參考看看。

古人說過一句話：「己所不欲勿施於人。」也就是自己不想要的東西就不要加諸在別人身上。我真心覺得這句話是最能夠代表同理心的表述。就好比有時候我們遇到一些真的會讓人瞬間暴怒的人，在那個當下可能你會恨不得揍他幾拳，也很難回收已被激怒的情緒，更別說去理解對方根本胡說八道的邏輯。但是我們可以換個角度思考，自己很可能在別人眼裡也是個胡說八道的王八蛋吧？在這樣的情況下，自己是否希望對方在不分青紅皂白的情況下也揍自己幾拳呢？這跟理解對方經歷過什麼一點關係也沒有，只不過是換位思考自己希望得到什麼樣的對待。特別是在不知道該如何尊重自己完全不認同的情況，那麼我們只好換位思考，想想自己希望被如何對待。

正因為靈魂是一趟自私的旅程，所以人們只能用自己的認知、觀點與判斷力去決定自己想要的是什麼。**當你意識到自己身處在一個無法解釋與認同的環境時，就**

試著假想自己若是變成對方的角色，會希望被如何對待。透過這個方法來決定自己接下來要有什麼樣的行為。不管我們做了什麼決定，可能還是會遇到蠻橫不講理的人破口大罵或是無禮對待，此時，我們可以選擇轉身離開，而不是跟著對方拉低自己的格局。因此，與其浪費時間擔心因果循環、不知道自己的行為會得到什麼樣的報應，不如試試這個方法：**做好自己本分的事，剩下的就交給宇宙去維持它應有的平衡。當遇到自己不能理解、也無法認同的人或事物時，與其強迫自己去理解並接受對方的觀點，不如換位思考自己希望如何被對待，並用那樣的方式去對待對方。**一旦自己可以達到己所不欲勿施於人的標準時，其實就做到尊重了，而毋須擔心因果報應會落在自己身上。

三合一的靈魂

對應頻道 209 集

今天想要藉由回答網友的問題來討論三合一的靈魂。

Q：我們在另外一個世界還看得到親人嗎？如果親人已經投胎了，我們還看得到他們嗎？如果真的看得到的話，是因為我們的意念所致，還是因為他們其實還沒有投胎呢？

我們一定會在另一個世界看到自己的親人，即便他們已經投胎了，我們還是能夠看得到他們。這不是因為自己的意念，也不是因為他們還沒有投胎，而是因為所有的靈魂都是「三合一」的存在。所謂的三合一就是結合過去、現在與未來，也就是說，任何靈魂無論在有無形體的情況下，都同時存在於過去、現在與未來。

當一個人在做人生課題的時候，其實需要這三個部分同時進行才能克服。我知道這是個很抽象的概念，但如同我之前提到的，靈魂其實是不受時間與空間限制的，活在現在的你其實同時與過去和未來的你共存。如果你了解這個道理，就會發現即便在當下的生活中，我們也常常以這樣的方式運行。**就好比我們會用過去的經驗來為當下做決定，進而影響未來的結果，又或者是透過實現未來的目標來改變現下的行為，並療癒過去的經驗。**

除此之外，我們也常在面對一些人生抉擇的時候，感覺某種動力將我們推向某個人生方向，即便我們在過去的經驗中從來沒有做出這樣的選擇。也正因為這樣的動力，我們在日後會慢慢地發現自己的未來因此發展至不曾預想過的結果。我們雖然常與過去同行，但也時常與未來共進。

這個原因在於我們的靈魂並不是單獨存在於現在的肉體內，而是在有生命型態的時候就已被分割成三份——過去、現在、未來。我們的未來大部分是由我們的「大我」，也就是所謂的Greater Self所引導，大我也常被稱作是「靈魂導師」。即便我們的肉體受限於現在，但我們的靈魂導師總是忙著鋪陳我們未來應該要克服的課題，或時不時地扮演安慰我們的角色，稍有覺知的人往往都會覺得自己好像與他們對話過。（是否曾在無助的時候感覺有人告訴你一切都會沒事的聲音？）

而透過經驗所累積出來的邏輯思考模式其實比較像是我們的「過去」，也就是我們的「小我」。當小我總是不斷地指責自己不夠好時，大我則像個安撫者，他們各自扮演的是過去與未來的角色。而「現在」則是你的邏輯，也就是你的思考模式，這往往是透過環境、背景、文化的教育所成形的。如果把過去的經驗所衍生的情緒比喻成「心」的話，那麼你的未來就等同於「靈」，而你的現在就是「身」。當一個靈魂擁有形體的時候，過去、現在與未來自然是並存的，唯有在肉體逝去進入白光之後，這三個看似個別分立的存在才會結合起來。也是在那個時候，你才會頓時了解為什麼自己會選擇這麼艱難的一生，以及這一輩子所經歷的種種考驗之所以存在的道理。

靈魂唯一無法帶入白光的是透過思考邏輯所產生的執念與思考模式。這也是為什麼許多靈魂在進入白光以前都必須學會放下的主要原因。因為邏輯是特地為了你這一輩子的功課所塑造出來的認知，藉由認知自己對周遭事物的批評而產生的情緒會成為你的功課。靈魂透過輪迴想要得到的是面對功課時產生的體驗與領悟，於是這種為了平台鋪陳而設計的認知自然是沒有用的。但這並不表示靈魂一旦再投胎就會完全忘記這樣的思考邏輯，它多少還是會殘留在腦後部位，特別是當靈魂在往生之前沒有真正地處理過自己的功課時，那麼這些功課就會成為你下輩子的一部分。就好比怕高的人還是會怕高，怕水的人還是會怕水一樣，這主要是因為意識產生了情緒，但也連帶造成了肌肉記憶。這種靈魂的肌肉記憶會導致你這輩子在遇到相同的情境時，不自覺地產生相同的反應與感受，卻無法理解這樣的反應從何而來。

所以，當一個靈魂擁有形體的時候，他本身就是一個結合過去、現在以及未來的三合一靈魂。就好比你會時不時地回想過去，又或者會隱約地感受到自己的未來。而靈魂在往生的時候還可以看得到那些老早就投胎的親人，是因為每個人的體內都有小我、邏輯與大我同時存在，雖然小我與邏輯在人活著的時候會受到身體的限制，但大我卻沒有這樣的困擾。大我不受到時間與空間的限制，對於靈魂的整體方向以及周邊連結有明確的概念，這也會讓你對素昧平生的人有似曾相識的熟悉感，又或者莫名奇妙地想起一個久違的朋友。

在任何靈魂進入白光以前，所有生命都是同時存在於過去、現在與未來的三合一靈魂。我們的所做所為都會受到這三個元素的影響。你可以回到過去改變現在的心境，進而改變未來的結果；也可以透過設定未來明確的目標來改變現在的心態，以及由過去經驗所累積的習慣。在靈魂不會受到時間與空間的限制，以及沒有被克服的問題依舊還是會讓你恐懼的基礎上，連帶地，情緒的體驗會形成靈魂肌肉的記憶。在這種情況下，人們可能會輪迴投胎好幾世，卻仍然深受幾千年前的問題困擾，這是同樣的道理喔。

什麼因素決定自殺的成功

對應頻道 211 集

今天想要藉由這個章節來回答網友常問的一個問題：「什麼因素可以決定自殺的成功？」在開始之前，我想要再次跟大家重申：自殺真的不是你人生中最好的決定。雖然常常有人覺得死亡是個終點，也是種解脫，但從我這些年看到這麼多鬼的經驗當中，我可以很肯定地告訴各位，這樣的論點只不過是那些不願意面對功課的人一廂情願的看法罷了。因為如果這樣的論點是真的，那麼靈魂自然沒有輪迴的必要，你們也不會帶著前世的痛苦與肌肉記憶來投胎。

這麼多年來，我親眼見過許多自殺的靈魂受困在自己設立的情境泡泡裡。這些情境泡泡大多是在他們還在世時就開始為自己的痛苦所鋪陳的劇本，也可能是導致他們最後做出自殺選擇的情境。在他們死亡之後，這樣的情境泡泡成了困住他們的牢籠，裡面會不斷地重覆播放著當初讓他們痛不欲生的場景與畫面。一般來說，要等到他們開始有所領悟，意識到自己除了自殺之外似乎有別的選擇與作法之後，情境泡泡才會開始瓦解。在還沒有瓦解之前，就算是法力再高強的靈媒也沒有辦法與受困在泡泡裡的靈魂溝通，就像這些人在生前往往也聽不見身旁的人對他們說的話一樣。

自殺並非是靈魂在鋪陳藍圖時就預設好的情境，但卻是在鋪陳藍圖時就會考量到的結果。因為會自殺的靈魂往往都有逃避問題的傾向，或者是以較為消極的方式解決事情，所以為了防止自殺的結果發生，靈魂往往會在身旁安排許多可以幫助自己的貴人。可惜的是，一旦人們落入自己編寫的情境中，往往很難尋求外界的援助或接受他人的幫忙。

由於這樣的情境泡泡只能靠著當事人自己的領悟來瓦解，所以外人最能幫助他們的方法便是「祝福」。祝福本身是一種溫暖的能量振動，它可以幫助這些泡泡暖化。因此，與其不斷地以哭泣來送行當事人，最好的方法其實是祝福他們能夠儘快地從泡泡中走出來，找到自己的力量。這些祝福可以對他們產生實質的效應，幫助他們更快地進入白光之中。

其實想要自殺的人在那種悲傷的環境下是很難向外界尋求幫助的。但我希望各位知道的是，人生是由我們自己的靈魂鋪陳的，為的是幫助靈魂成為更好的存在，所以高靈自然不會鋪設一個連我們自己都過不了的坎。既然如此，在面對自殺的念頭時、感覺自己與世隔絕又孤立無援時，是否可以先告訴自己「這並不是唯一的解決方法」，特別是在死後仍然會受到同樣的情境折磨，更不用說這輩子未完成的功課，下輩子還要重新來過。有時候，那些援助可能是隨手翻閱的一本雜誌，又或者是隔壁桌的人剛好說了些什麼，就算你沒有勇氣開口，至少也要記得打開自己的眼睛和耳朵，看看高靈可以給你什麼樣的援助，而不是一味地相信死亡真的會帶給你解脫。

然而，不管我再怎麼給你建議，導致自殺成功的關鍵還是在於你的靈魂是否真正地放棄了。我所謂的「放棄」不是指他人對你的放棄，而是「你是否放棄了自己」。通常人們在面對自殺念頭的時候都會有點焦慮，也可能寢食難安，而社會所賦予你的知識、觀念以及想法都會讓你的「邏輯」與你的「大我」在內心產生拉扯。在邏輯相信自己完全沒有選擇的情況下，你的大我仍然會清楚地知道他在你的身旁到處安排了援助，也不斷地給予你暗示和明示，試圖阻止你做傻事。但由於焦慮導致睡眠不足，使得你的身體與靈魂之間的距離愈來愈大，靈魂與邏輯的長期拉扯也可能造成你的感官疲乏，所以當它分離到某一個程度的時候，你自然會被邏輯說服，並相信死亡是最好的出路。自殺之所以會成功，並不是因為你的靈魂放棄了你，而是你拒絕接受靈魂的援助而相信邏輯的說服，徹底地放棄了自己。

我希望下次當你覺得自己走投無路的時候，可以試著用我的視角與立場，站在靈魂的角度審視自己的人生。靈魂最好在自己還有身體的情況下做功課，而不是在靈魂狀態下做。人生已然走到這個點上，該受的苦也沒有少受過，那麼就不要白白地浪費了自己已經走過的這段路。否則，再投胎一次還是要再受苦一次，重新走一遭受苦受難的平台。

自殺真的不像各位所想的可以幫助自己解脫，反而是將自己困在一個情境泡泡裡，不斷地受同樣的情境折磨，直到靈魂真正領悟為止。因此，如果你意識到自己有自殺的念頭時，請先注意你為自己所設立的情境泡泡是什麼？是否真的想要無止盡地受困在那樣的環境裡？如果那不是你想要的，那麼千萬記得對外要求援助。如果一個人拒絕了你，就再找下一個，直到你找到真正可以幫助你的人為止。你的靈魂導師在全知的情況下，知道你有什麼樣的個性，所以一定會在你的身旁安排援手。有時候，多開口向外界尋求支援，就是你的靈魂必須做的功課。就算不敢開口，也記得打開眼睛和耳朵，看看聽聽你的靈魂導師究竟可以如何幫你走過難關。

如果你沒有辦法好好地與自己對話，那麼至少想辦法讓自己先好好地睡一覺，看一場喜歡的電影，或是喝杯好喝的咖啡，做點自己喜歡做的事。雖然這是個敏感又嚴肅的話題，但既然連想死的念頭都有了，倒不如就放手去做一些大膽的嘗試，或是向喜歡的人告白，或是去高空跳傘。當人生充滿許多讓人開心的事時，你就會發現「自殺」絕對是人生中最糟的選擇。我真心希望各位可以認真地看待自己的生命。生命旅途中沒有任何一條路是絕路，所以自然沒有必要讓腦子説服你死亡才是唯一的出路。有時候睡個覺、開個口，你會發現援手其實就在你的身邊喔。就算有時候全世界的人看似都放棄你，你也不要放棄自己，千萬記得，這種「放棄」的假象可是只有「邏輯」才有辦法創造出來的喔。

尋找靈魂之旅

對應頻道 216 集

不知道大家有沒有這樣的感覺：當人到了一定的年紀後，就會不自覺地想要尋找靈魂的意義，尋找自己的人生，以及探索自己存在於這個世界的目的。這種行為在國外被稱為 Soul Searching（尋找靈魂）。這樣的行為大多發生在中年以後，或許是因為中年以後有較穩定的經濟基礎，所以有許多人會選擇獨自前往比較偏遠的地方居住，或是計畫一次旅程，試著讓自己去體驗最原始的、類似苦行僧的生活方式，好像非得在這樣的艱苦環境中才能找到人生的真理。

但在我多年的觀察與研究之後，我發現人們並不需要透過苦行僧的生活方式或是一個人的長途旅行來找到靈魂的真理。在現實生活中，其實有很多方法可以幫助你找到自己，但是為什麼還是有許多人需要透過這種方式來找到靈魂的本質呢？主要是因為人們一旦習慣了一個生活環境，特別是當這個環境會讓人感到無助時，那麼人們長期處在這樣的環境下就會覺得被困住，甚至因為窒息感而想要有所突破，否則一般人在快樂的環境下是不會想要做任何改變的。所以當一個人逃離了讓人窒息的環境並重新去接觸一個地方的時候，他會因為全新的環境而擺脫原本的設定，讓自己的眼睛變得更開放一點，也較能夠接受新的人事物。

大多數的人之所以選擇自然景點，是因為人們的觀念覺得大自然是與社會邏輯相距最遠的環境。不過，即便是「逃離」到這樣的地方也不表示人們可以馬上適應，一般來說還是需要約莫三天的緩衝期。通常在第一天，人們還在消化社會邏輯所附帶或是教育出來的壓力，大多數的人會為自己為什麼選擇逃離到大自然的行為尋找合理的藉口，通常是覺得自己壓力太大，所以需要到一個沒有壓力的環境，要不然就是覺得自己的生活需要調整與轉換。這種慣性為自己辯解的行為通常到第二天才會開始和緩，人們會開始意識到樹木的翠綠與空氣的清新，或許還能聽到鳥鳴聲，又或者是意識到自己可以暫時不去考慮現實的狀況。到了第三天，人們才能夠真正地開始學著與大自然連結，或許會感覺到腳下踩的土地是多麼地柔軟，也可能是感覺自己成為大自然中的一份子。

Soul Searching 的過程是為了找到對你的靈魂來說最重要的究竟是什麼。不過，這在重重壓力的社會環境下其實是很難找到的。我們常常會為了一點小事而大動干戈，卻忘了人與人之間真正重要的事情；我們有時候會將所有的專注力集中在網路上，卻忘了如何與身旁的人互動。因此當我們一旦置身在大自然中，或許是與自然互動獲得啟發，讓我們知道就算沒有網路也可以與任何人事物產生連結。我們也會開始與宇宙連結，並意識到自己從來都不是孤單的。

現有的社會很容易說服我們金錢、工作、另一半是重要的，但是真正地將自己置身於大自然的時候會發現，這些事物根本無足輕重。靈魂所追求的是一種被愛的連結感，以及被尊重的感覺。我曾說過，靈魂之所以投胎是為了學習**帶得走的領悟**

與體驗，既然靈魂帶得走，那麼可能是學習如何愛人、如何尊重、如何感激，但絕對不會是物質的存在。賺錢或許在人們的認知裡很重要，但是它在大自然底下是完全沒有意義的。

其實大部分的人在進行尋找靈魂之旅時，很常藉由讓自己與世隔絕來與宇宙連結，在沒有外界影響的情況下，重新思考對自己來說真正重要的事物，藉由不斷的對話來慢慢地找到自己。但是人們如果了解這個道理，就沒有想盡辦法把自己隔離起來的必要，只需要每天花個五分鐘的時間好好地問自己：對你的靈魂來說真正重要的是什麼？是熱情？還是尊重？是愛？還是一種連結？我相信只要你每天願意花五分鐘去思考這個問題，那麼你遲早會得到你想要的答案。如果沒有確切的答案，只是一個模糊的領悟的話，那麼試著將這個領悟應用到自己的生活中。假設你覺得自己的靈魂想要的是懂得感激，那麼在接下來的二十四小時之內，就試著練習感激。如果覺得自己想要的是連結，就在接下來的二十四小時學習任何可以與人連結的方法。透過不斷地練習，你會逐漸知道自己的靈魂真正想要的是什麼，也可以知道真正阻止你去感受的是什麼。這樣做可以避免像他人一樣必須花上大筆金錢離鄉背井之後才有辦法知道靈魂的意義。

既然是靈魂，不論你處身何方，必定會如影隨形地跟著你。你只要記得，靈魂想要的是與物質無關、更不需要任何外在因素做為前提的領悟，所以與其向外尋找，不如向內探索，我相信即便不走很遠的路、不去很遠的地方，你也必定會找到你的答案，找到你的靈魂存在的意義。

靈魂的誤解

對應頻道 217 集

很久以前，我與各位討論過「靈魂是什麼」這個話題，所以一直以來我都覺得大家對於「靈魂」二字已經有很深層的了解。不過在我得知一名自稱女巫的人聲稱「精靈沒有靈魂」後，我想要接著與大家討論「靈魂的誤解」。其實剛開始聽到她的理論時，我只是一笑置之。因為在靈學的路上走了這麼漫長的時間，在沒有得到實際的印證下，我至今不敢妄言哪個存在是沒有靈魂的。我之前也跟大家分享過，只要是有軀體又能夠自行生長的，其實都可以被稱之為「有靈魂的存在體」。我向來用「會走路的燈泡」來形容靈魂，燈泡的外型就等同於我們被賦與的外在形體，而內在的光源體則等同於靈魂的實質模樣。由於靈魂的能量不會受到外在形體的限制，其可影響的範圍就如同燈泡可以照亮的範圍一樣。所以，任何有靈魂的生命對我來說都像是一顆會走路的燈泡，無論是生物、植物、動物還是人。

不過，我並不是一開始就這麼認知。剛開始靈學旅程的我跟大家一樣，覺得靈魂就是有人形的存在體，有臉、軀幹以及四肢。只不過隨著接觸的種類以及次元愈多，我開始發現，所謂的靈魂其實比較像是一種有意識的能量體，而在我有限的知識裡最能夠形容靈魂的便是「光」。如果有人問我一個靈魂的所佔面積大概有多大，那麼他真的就像是我們看到的燈泡裡的光源一樣，只不過他可以影響的範圍是五瓦與一百瓦的差別。人們普遍認為靈魂其實就跟人體的體積一樣，但其實他就像燈泡光源般的大小罷了。也因為這樣，靈魂可以快速地穿梭，並且不受到時間與空間限制。若真要形容他的體積，大概就是大拇指跟食指圈起來的大小，由於是光能量，所以並不佔用任何的空間。光源的大小則會隨著靈魂本身的進化程度而有所差別，愈進化的靈魂在亮度上會顯得更明亮一些。至於這麼小的光源體如何承載那麼多的記憶，這其實就好比ＵＳＢ隨身碟的概念，即便體積超小也可以擁有超大的容量。既然所有的記憶都是以光的能量形式儲存，那麼他能承載的容量自然會比我們的認知還要大得多。

至於鬼為什麼會以人的形式存在呢？大多是因為他們放不下生前的身分，所以只能以他們僅有的認知存在著。很多時候，當我們接觸到一個靈魂，卻感覺好像看到親人、高靈或是菩薩時，是緣於我們自身的濾鏡效果。我們可以假想自己是個投影機，當靈魂的光源穿透過我們的濾鏡後，自然會折射出我們希望他呈現出來的影像。因此，當我們接觸到一個靈魂時，如果他曾經存在我們的記憶裡，我們的記憶就會主動調閱與之相關或相符的濾鏡，進而折射出我們所認知的影像，以方便我們理解。這就是我經常說的，今天無論你遇到什麼樣的靈魂，他所折射出來的影像會與你自身的知識背景與生長環境有關。這也是為什麼人們在接觸到靈魂時，普遍會看到人的影像的原因。

此外，在靈魂出竅的情況下，靈魂大多以光源體的方式行動，因為在這樣的狀態下最不受時間與空間的限制，移動速度是最快的。一般而言，在靈魂出竅的狀態下，如果仍保有形體，那與當事人本身對靈魂樣貌的既定觀念有關。可能他們對靈魂也有誤解，因此在出體時會理所當然地以為自己必須以現有身體的模樣呈現。正因為靈魂的原型是光能量，所以有時候人們看到一閃而逝的光，也很可能是靈魂的存在。如果這個光源是你熟悉的，那麼你的記憶會自動呈現出你所認知的影像，否則你很可能只會看到光源體而已。

靈魂的光源比普通的光源多了一種生氣，就好比新鮮的魚比冷凍魚多了一種甜味一樣。雖然鬼通常以人的樣子呈現，但一旦進入白光成為靈魂後，就會以光源體的方式存在。或許你曾聽聞有瀕死經驗的人描述自己看到白光，正因為白光之後的靈魂大多以光源的狀態存在，所以自然會產生如同白光般的錯覺。但他們的白光與我們認知的日光燈照並不同，也不像太陽日照般刺眼，而是一種像春暖花開溫和又舒適的光源。

此外，靈魂通常待在腦後約一吋半的地方，那裡有儲存所有靈魂記憶的超級容量。

回來討論那名女巫所說的精靈沒有靈魂這件事。她認為精靈之所以沒有靈魂，是因為在他們死後，那抹光「噗」一聲就不見了。對於這個論點，我想說的是，當大多數的鬼以人形的方式呈現，靈魂卻是一種大小如一元硬幣，而且不受時間與空間限制的光能量體，在光速移動下，人類的眼睛不一定能夠偵測到他。但就像宇宙中的許多事物一樣，我們眼睛看不到並不表示他不存在。有時候，或許是因為人們對於靈魂的誤解，才是導致我們看不到他的主要原因吧？

獻給那些想懷孕卻生不出小孩的父母們

對應頻道 219 集

在文章開始之前，還是得先提醒各位：我不是醫生。如果身心理上有任何的問題，請各位尋求專業的意見。我只能單就靈媒的立場與各位分享我的觀點。

這篇文章，我想獻給那些想生孩子卻又無法受孕的父母們。

我曾經提到，父母是我們自己選擇的。因為人們在受孕之後，並沒有辦法像去超市一樣選購一個小孩。但孩子在靈魂的狀態下，卻可以研究哪一對父母是最能夠提供他們所需要的環境與平台——我們會選擇一對可以提供我們人生功課與目的的父母。他們可以在最短的時間內，還原我們靈魂原本就有的個性，並提供我們在未來克服人生功課時所需要的優缺點與課題，進而幫助我們完成人生藍圖所要達到的目的。所以，我們的父母並不是隨機挑選的，而是在靈魂全知的狀態下，仔細研究分析之後才決定的。

如果各位了解這個道理，就會知道自己什麼時候生小孩並不是你說了算，而是取決於你未來的小孩身上。

雖然在人類的觀念中，總是會覺得在某些時候生小孩是最好的，有些父母害怕自己年紀大了，卵子精子品質受損或是沒有體力帶小孩，就會想盡辦法地讓自己在特定的時間裡受孕。但是，種種邏輯的考量跟全知的靈魂相比，靈魂永遠會知道什麼時刻對他們來說才是最好的，就好比一個十四歲的小孩跟一個三十歲的人解釋自己已經做好結婚生子的準備，但是對那個三十歲的人來說，他會清楚地知道那個十四歲的小孩為什麼還沒有準備好的原因。因為在你的心智還沒有成熟的狀況下選擇愛的人，不一定會是你的靈魂真正愛的人。人類的邏輯只會以現有的知識與喜好來推斷什麼時候是生小孩的最好時刻，特別是在身旁親友壓力的推動下，我們的「最好時刻」往往是別人幫我們定義的。他們會嘗試用各種方法讓這樣的結果產生，但卻忘了小孩會不會被生出來打從一開始就不是由你決定，而是由要被生出來的小孩子決定。所以當嘗試懷孕，結果卻不如人意的時候，在習慣批評的社會環境中，父母會第一時間地將問題放在自己身上，指責自己一定是做錯了什麼，又或者是有什麼缺陷，才遲遲沒有辦法生小孩。

我曾說過，身體是靈魂的工具。我們都知道，長期與負面能量的人相處會帶來什麼樣的感覺，那麼試想，一個天天指責或懷疑自己的人，對自己的身體會造成什麼樣的傷害呢？不斷累積的負面能量使身體開始變得緊繃，自我批判的習慣也可能造成免疫力的降低。原本應該像是羽毛般柔軟的子宮，突然變得像針氈般，讓胚胎難以著床。而且這不單單是母親的問題，胚胎同樣會受到父親的情緒影響而無法著床，甚至可能發展出相同的個性。在還沒有受孕之前，母親情緒對於卵子的影響，就如同父親對於精子的影響一樣。

所以希望各位可以用靈媒的視角去思考自己為什麼還沒有小孩？這個道理跟

你當初投胎前選擇自己的父母是一樣的。對靈魂來說最好的時刻不一定是人類邏輯裡最佳的時候。此外，請理解自己的身體會回應靈魂的狀態。那些擔憂、緊張與恐懼都會成為身體的實際狀態，而讓胚胎沒有辦法著床。就算真的著床了，也可能因為你當下的情緒而讓胚胎細胞分化成一個較容易緊張的孩子。（是說，就算胚胎無法著床，應該也是靈魂當初就知道的事。）

靈魂是靠能量餵養的。你用什麼樣的能量去餵養，就會培育出什麼樣的靈魂。今天我們不知道為什麼靈魂不願意選擇在我們想要的時間點來投胎，因為我們以有限的邏輯無法看到全知的靈魂所能預測的未來。但我們知道的是，如果你已經嘗試懷孕很多年卻一直沒有辦法生孩子的話，那麼錯絕對不在你身上，而是時間還沒有到。

與其一直指責自己的失敗，倒不如重新整理自己的情緒與身體，先用心照顧好自己，剩下的就交給靈魂決定最適合你的時間。這總比你因為壓力過大而天天與另一半吵架還要來得好吧？我覺得女人都有一種孕育下一代的母性，我們會選擇適合自己的伴侶來受孕。如果你讓自己處於天天吵架又壓力很大的環境中，你的潛意識其實就是抗拒另一半的，這又怎麼可能會受孕呢？所以與其不斷地嘗試，又害怕可能會面臨的失敗，最好的方式是去做一些自己想做的事，好好地放鬆，讓身體得到完全的修復。人的思想會創造自己的實相，如果真的相信自己有一天會扮演母親的角色，那麼就不用擔心孩子什麼時候會出現了。更不用說現代醫學上有許多過去所沒有的突破，或許等到哪一天時機成熟了，小孩自然就會在那個時候出現。你所要提供給孩子的，不只是你以為的最佳時期，而是一個從裡到外都是最好的環境。

曾經有個朋友問我，她什麼時候可以有第二胎。當我說她的小孩年紀差距大概有六歲左右時，她堅持相差一兩歲的年紀對她來說是最好的。所以生完第一胎之後，她嘗試各種方法想要讓自己再懷孕，但屢次的失敗卻重挫她的信心，甚至讓她懷疑自己這輩子再也生不了第二胎。然而，她的第二個小孩就在她完全不預期的情況下發生，與第一胎真的相隔六年左右。現在再回頭看，她終於完全意識到當初她覺得的「最好時刻」並不是真的最好，因為那個時候的她與伴侶還存在著太多的分歧，小孩也需要許多的關照，所以並不是最好的受孕時刻。

因此，在這裡，我想給各位想要懷孕的父母們一個簡單的練習：每天睡覺前，躺在床上先深呼吸幾次，平靜自己的情緒，然後開始想像自己被光包圍，感覺自己被支持著；想像被愛的感覺會是什麼樣的狀態，然後允許自己沈浸在那樣的氛圍裡三到五分鐘，好好地感受自己被安全地、牢牢地包覆著的感覺。這個練習可以幫助你調整自己的靈魂和身體，也可以讓你發展出比較健康的卵子和精子，幫助你們的未來可以培育出一個發育比較健康的小孩。剩下的，就交給全知的靈魂去安排最佳的時刻吧！不要讓現在不能受孕的感覺在你的身上殘留一種遺憾，間接地對你的身體產生攻擊。給各位參考看看。

墮胎與嬰靈

對應頻道 220 集

今天我想透過回答網友的問題來解釋「墮胎與嬰靈」：**靈魂是否都知道父母會流產或是決定墮胎？流產／墮胎是否等於扼殺一個生命？是否會引發所謂的報應？此外，是否有方法可以幫助那些被父母選擇墮胎的靈魂？**

同樣的，我只能以一個靈媒的立場來分享我的個人看法。我知道墮胎並不是一個很容易的選擇，從自己懷孕到選擇放棄小孩子，或許在外人眼裡覺得人們選擇墮胎是件簡單又不負責任的決定。但是一個女性從受孕的那一刻起，她的身心靈其實就已經開始與體內那個還未成形的靈魂做了連結，所以往往內心需要經歷很大的掙扎才有辦法做出墮胎的決定。

我不知道各位是為了什麼原因選擇墮胎，但單就靈魂的角度來看，靈魂從一開始就知道自己會不會被生出來，無論是意外流產或是選擇墮胎。當然，有很多人覺得墮胎是自己的選擇，理應會得到報應。但我覺得與其說它是一種報應，倒不如說是一堂功課。因為人們從知道自己懷孕到選擇墮胎的這個過程，內心通常有很大的掙扎，而如何去處理這段時間的情緒起伏，又或者是面對自己做出來的決定所帶來的後果，這些都是功課所在。只是人們往往帶著罪惡感墮胎，拿掉小孩之後，又因為罪惡感所引發的種種不順，很容易歸咎是嬰靈帶來的報應，藉此讓自己為墮胎的決定感到好過一點。因此我個人覺得墮胎與因果報應並沒有太大的關聯。流產就更不用說了，在父母沒有辦法控制的情況下失去一個小孩，本身要調整失去的情緒就已經是一門大功課了，更不可能跟因果報應扯上關係。

此外，有很多人覺得，人們只要一受孕，特別是超音波裡顯示的心跳聲，證明肚子裡的胎兒已經擁有完全的生命，也就是有靈魂的存在。但坦白說，以我這麼多年從靈媒的立場觀察，當一個人懷孕未滿三個月以前，小孩的靈魂是不會進到身體裡面去的。他們可能會跟在母親的身邊，但還不會與體內的胎兒連結。往往是等到胚胎開始有點成形的時候，他們才會慢慢地學習適應那個身體。即便是學習適應身體的過程中，他們也不會一直待在那裡，通常是進進出出、一點一滴地適應。等到胎兒的身體發育完整之後，他們待在母體內的時間也會相對地變長，大多是在快出生前的一兩個月。

許多母親通常在懷孕三個月之後會發現自己的身體感官好像開始改變，原本喜歡的事情變得不喜歡了，或是喜歡的口味突然換了，又或者是在懷孕初期與末期有相差甚遠的改變，這主要也是因為嬰兒的靈魂開始進駐的關係。由於體內的胎兒已經開始與靈魂做連結，所以你自身的感官也會因為那個靈魂的偏好而改變，藉此幫助母親更了解自己小孩的喜好與個性，進而在小孩出生之後可以更輕鬆地育養他。所以從靈魂的角度來看，無論你做了什麼樣的選擇，我尊重每個人的抉擇，也相信事情都有其存在的道理。在全知靈魂的鋪陳下，或許體驗這個決定的後果才是你的靈魂真正想要學習的功課。

如果今天有一個靈魂決定要成為你的小孩。他通常會在受孕前的六到八個月左右跟隨在你的身邊，並且一般會等到胎兒發育到三個月左右，靈魂才會慢慢地學著適應那個身體。此外，靈魂會有二十年左右的時間至少三次機會嘗試成為你的小孩。也就是說，如果你選擇墮胎一次或兩次，在三次之內都會是同樣的靈魂選擇來當你的小孩。由於靈魂並不受時間和空間的限制，所以對人類來說漫長的二十年，對他們來說並沒有任何意義。換句話說，不管你們墮胎幾次，你們都注定要生下選擇你們為父母的小孩子。

在台灣，有些人在墮胎之後會去拜拜或算命，可能會聽到算命師父說身邊有嬰靈跟著。有懷孕過的人都應該知道，懷孕會影響到心靈與身體層面，因此在選擇墮胎的決定之後，如何從這個過程中找到平衡本身就是一件困難的功課。若是配合前文所談到的「鬼的種類」，那麼所謂的嬰靈就是屬於「冤親債主」的類型。他們大多是透過人類自身的罪惡感所折射出來的影像。通常嬰靈的形體取決於父母親自己的觀念，若是他們覺得嬰靈像個胚胎的話，那麼就會以那樣子的方式呈現；若是覺得像個小男孩的模樣，那麼所謂的嬰靈也會以小男孩的模樣呈現。

嬰靈通常是靠內心的罪惡感在餵養。許多人墮胎以後內心都有很強烈的罪惡感。當這些情緒沒有辦法找到抒發的管道時，就會形成一個不斷增加的壓力附著在你的身上。如果內心一直沒有辦法面對這些罪惡感並處理它的話，那麼長期累積的結果可能就會在你的身體上造成病痛。基本上，任何的能量被長期壓抑，都會積「壓」成疾。在國外並沒有嬰靈的觀念，當他們面對流產與墮胎的事件時，會習慣性地透過一些儀式來轉移或釋放悲傷。他們可能會種樹，也可能是為小孩辦一場盛大的喪禮，因此，一般的通靈人很少在外國人們身上看到台灣常見的嬰靈。

若是真想做些什麼事情來幫助這些靈魂，我曾經說過「祝福」是對靈魂最直接的幫助。同時，墮胎的人可以把自己的身心靈照顧好，等到小孩子再度來到生命中時，讓自己有足夠的能力以及成熟的心智成為一個好父母。此外，即便靈魂不會被生出來，也不論手術大小，墮胎難免還是會使身體受到手術的傷害，所以若非情非得已，與其讓自己落入必須選擇墮胎的局面，不如從一開始就把自己保護好，若還沒有準備好生小孩，就先做好避孕，這才是最明智的選擇喔。

獻給那些
完全不能生育的夫妻

對應頻道 221 集

在這個世界上，有將近百分之八十的人好像只要想要有孩子，就能夠輕鬆地把孩子生出來。還有一些人雖然生理上一切正常，但就是需要比其他人多努力一些才能生出小孩。而對少部分的人來說，生育完全不是一個選項。可能是因為一些身體上的疾病，又或者是一些阻礙，使得他們完全沒有辦法受孕。這篇文章的主題正是特別獻給這樣的夫妻。在文章開始之前，我希望各位先接受一個重要的觀念，那就

是這個世界上沒有任何人需要透過另一個人事物來讓自己變得完整。

我知道在舊有傳統的教育之下，我們相信自己得要有個伴才叫完整；找到伴侶之後，人們又說得要組個家庭才叫完整；組成家庭之後又得要生個小孩才叫完整……。好像不管我們的人生到達哪一個階段，或是踏上了哪一個里程碑，都要繼續不斷地追逐下一個「完整」的意義。我希望今天可以打破各位這樣的迷思。

你的靈魂本身就是一個完整的存在。無論你自認好還是不好，你都是一個完整體，不需要透過任何的外在條件來補足。也就是說，不管你有沒有找到生命中的另一半，又或者是能不能夠生小孩，都不能改變你「已經」是完整的事實。在這麼多年的諮詢下來，我發現有許多的父母真的相信自己如果不能生育的話，生命就不夠完整了。但事實是，一個原本就完整的個體並不需要有小孩子的出現才能夠拼湊成完整。即便生不出小孩，你也必須學著接受這樣的結果，因為這都是你的靈魂在還沒有投胎以前就清楚知道的結果，因此你才會選擇這樣子的身體來投胎，因為生育並不是你這輩子的人生需要的選項。即便你的身體不能生育，卻又真的想要小孩子的話，人生還有許多選擇，無論是領養或是代理孕母等等。當然，很多人會認為要親生的小孩才算數，但我個人覺得若是真心想要扮演父母的角色，就不會因為小孩是不是親生的而有所差別，也不會因此減少彼此的功課。從他們嗷嗷待哺到成為青少年，每一個環節都有你不自覺會擔心的事。這世界上有生不出孩子的人，也有不會養卻生很多孩子的人，但我相信每個人都是值得被愛的，所以即便是被領養的小孩，他的靈魂在投胎之前也知道自己最終會是被人領養的命運。因為他的人生藍圖需求，所以他必須選擇生他的父母不同於養他的父母。這是一個非常重要的決定，在靈魂選擇父母的精密規劃中是必要的。除了研究個性基因之外，還要研究生長環境是否可以提供這個靈魂接下來所需要的優點和缺點。如果培養這些條件需要在特定的環境下，那麼即使他們需要遠渡重洋，在與基因完全不一樣的環境下成長，這也全都在靈魂的安排之中。

我之所以想要與所有想要成為父母卻無法生育的人分享，是因為人生不一定要「生」了小孩才叫完整。靈魂無論在什麼樣的狀態都是完整的，即便不能生育也是靈魂最完整的安排。若是在無法生育的情況下仍想要擁有小孩的話，現在的社會有很多的選擇，未來的科技或許也有辦法促成這件事發生。與其讓自己落入自我遺憾當中，不如換個角度思考靈魂之所以這麼安排必然有它的道理。靈魂會選擇自己的父母，即便不是親生的，若你自認有滿滿的愛，也想體驗為人父母的感受的話，那麼與其一直鑽牛角尖、糾結於不能親自生育，是否可以考慮領養呢？因為無論如何，不管小孩是不是親生的，當初靈魂在選擇父母的時候，你就是他們萬中選一的父母人選喔。

漢娜的遺言

對應頻道224集

《漢娜的遺言》是一部曾經在Netflix上相當熱門，主要討論校園霸凌以及許多隱藏的黑暗面，並以一個少女自殺為主線而延伸出各種議題的北美電視劇。大家都知道我對「自殺」話題非常地敏感，在我的頻道和書中，也曾提醒各位不要將自殺當成人生選項，因為那只會使你困於無限的痛苦循環中。但是現在社會的資訊來源多元，有些網站甚至會鼓勵人們集體自殺，或者說服受害者相信自殺的行為可以讓霸凌者感到痛苦。然而殘酷的事實是，霸凌者如果會因為你的自殘而反省的話，當初他們就不會傷害你了，不是嗎？所以不要浪費自己的生命去引起他人的反應，如果你能將人生過得比那些霸凌者更好，就是對他們最好的報復。

此外，高中階段是很容易犯錯的年紀。這個時候的青少年很容易覺得自己的父母根本無法了解自己，但事實是，大部分的父母都走過你們正在經歷的事，只不過有時候為了在小孩子面前維持良好的形象，父母們無法大方地坦誠自己曾經犯下的錯誤。這也是為什麼我常跟自己的小孩說，這段時間是他們人生中最適合犯錯的年紀。當然，不希望你犯錯的父母可能不會贊同我所說的話，但我之所以稱十三歲到十八歲這段年紀為「犯錯的黃金時期」，是因為在這段年紀所犯下的錯是人們比較可以原諒的，人們的寬容度會隨著你的年紀愈大而遞減。所以如果你在這段時間犯下任何的錯誤，可能是認識不好的朋友、養成不好的習慣，又或者是霸凌他人等等，你的重心不應該完全放在自己犯了什麼樣的錯，而是應該思考：自己犯了錯之後所要學習的究竟是什麼，並學習讓自己有勇氣去面對以及承擔自己所犯下的錯誤。

為什麼說十三到十八歲是很常犯錯的年紀呢？這除了荷爾蒙會讓你有時無法

以正常的邏輯思考之外，剛脫離或試著離開父母羽翼的小孩會很急著想要證明自己的能力，也會想要挑戰父母一直以來所教導的信念。人們會想要做一些新的嘗試，又或者是挑戰自己的認知，在急著想要證明自己又荷爾蒙旺盛的情況下，導致人們特別容易做傻事。之後隨著年紀稍長，這些經驗會讓自己開始學會瞻前顧後地做決定，並意識到每一個決定所必須承擔的後果，也是讓人覺得你變得比較成熟的主要原因。

如之前所說，剛離開父母羽翼的小孩會有急著想要證明自己的慾望，這使他們不自覺地誇大發生在自己身上的事，藉此獲得他人的讚賞。雖然這個行為不一定正確，但要記得，他們所要證明的對象往往也是跟他們同年紀、無法以正常邏輯思考的年輕人。

在《漢娜的遺言》這部片的開頭，就是因為一名男生不想讓朋友們取笑他跟一個女生約會只得到一個接吻，便誇大其辭地捏造事實，破壞了那位女生的聲譽，讓全校認為她就是行為不檢點的放蕩女，因而引發了之後種種的霸凌，最後導致那名女生選擇自殺。

我真心希望各位在看了這部片之後可以清楚地了解：「自殺」真的不應該是你人生中的選項。**沒有任何人的良心是值得讓你用生命去兌換的**。此外，雖然有許多青少年會不惜犧牲他人來換取自己美好的形象（老實說，有些不成熟的大人也會做出相同的事），但我也希望各位理解，犯錯是必然的。因為沒有人一出生就可以在完全不犯錯的情況下學習。只不過我更希望各位不會因為犯錯而受困，而是藉此學習讓自己成為一個更好的人。誠實地面對以及勇敢地承擔自己所犯下的錯誤的責任，這些行為都是讓你的靈魂得以成長的過程，也會幫助你在日後做出更果斷精準的決定。

此外，在這部片中還有許多關於強暴的議題，明顯地刻畫出女性在受到侵犯時對自己的厭惡感，以及在遭受侵害之後所要面對的第二、三次傷害等等的行為。其中最讓人感到痛心的，應該是當女主角已經對這個世界絕望，卻仍想要向輔導老師尋求最後一線希望時，對方卻完全地忽略了她的求救訊號。這讓身為父母的我恨不得每個人能多學些保護自己的方法，預防未來不再受到更多的傷害。

其實當時我看這部片時，特別有感覺，是因為我的小孩也正好與角色們是同樣的年紀。這讓我不禁思考，他們在校園裡是否也會面臨同樣的問題，也讓我想要從父母的立場與各位青少年聊聊天。我們在各位青少年的眼裡可能是非常不合格的父母，但至少當你決定結束自己的生命，並相信這個世界上沒有任何人可以拯救你的時候，是否可以把最後求生的呼救拋給父母呢？讓他們可以為你做些什麼事。就算他們什麼事都不能做，那麼是否可以暫時相信，在網路發達的時代，世界上永遠會有可以幫助你的人呢？

在我還是青少年的年代，從來沒有大人會教育我們可以不去理會他人的眼光，大人總是不斷地要求我們去滿足社會與環境的期望。但這一代的你們，擁有的是比我們的眼界更開闊的世界，當身旁的人不認同你的時候，你們擁有我們那個年代所沒有的管道可以幫助你找到真實的自己。天無絕人之路，自殺不應該是你人生唯一的選擇。

不管你生活在哪一個世代，社會永遠都有不公平的地方，但從這個過程中學習保護自己，又或者是接受他人的救援，說不定正是你的靈魂所要學習的。在我諮詢的過程中，遇過很多因為小孩自殺而一輩子自責的父母。既然你的身體是他們所賦予的，那麼不管發生了什麼事，當你有自殺的念頭時，請給身為父母的他們一個可以幫助你的機會吧，如果你的父母是你所有壓力的來源，那麼試著對外尋求援助，讓自殺的行為可以終止在這個世代吧。

被霸凌是一種選擇

對應頻道 228 集

今天想要回答一個網友的問題：**被霸凌應該怎麼辦？**

我們現今的社會很容易將重心放在問題上，而不是在尋找解決方法上，這使得人們對於霸凌只會把它當成一個無法解決的社會問題，而不會去思考解決的方法。

所以我相信當我說「被霸凌是一種選擇」時，很多人會覺得我瘋了，被霸凌怎麼會是一種選擇呢？沒有人會選擇被霸凌的啊！但在各位急著爭辯之前，請先冷靜下來聽我解釋。

在我的個人觀念中，我把霸凌分類成兩種，一種是肢體上的霸凌，另一種則是語言或精神上的霸凌。

我們先來討論肢體霸凌。大部分的肢體霸凌者都是靠著身體上的優勢，所以會選擇身材較為嬌小的人做為霸凌的對象。也因為如此，被霸凌者往往會因為體型上處於弱勢而覺得自己什麼事也不能做，只能在被霸凌時以淚洗面，覺得自己接下來的日子裡都只能活在被霸凌的恐懼當中。但是在面對肢體霸凌時，你有幾個選擇，你可以在事件發生以前製造出巨大的聲響，因為通常霸凌者知道自己的行為是不對的，所以會盡可能地避免大眾的眼光。又或者你或身旁的人可以公開他們霸凌的行為、尋找師長或廣大群眾的協助。你還可以隨身攜帶防身或防盜用具、去學習一些自我防身術，又或者是鍛鍊自己的身體，讓自己變得更強壯一些。這世界有很多方法都是人想出來的，而不是允許自己一直活在我什麼事情都做不了的假象裡。如果你願意把被霸凌當作是一種選擇的話，那麼你會知道，與其回家躲在棉被裡哭，不如思考自己如何從中得到學習，又或者是如何找到解決的辦法。我曾說過宇宙有非常神奇的力量，只要你真的有心想要為任何問題尋找解決辦法，它就會將答案帶到你的面前。

讓我們再談談言語霸凌。由於現在的資訊發達，再加上許多人覺得自己可以躲在電腦螢幕後，不需要為自己的言語負責，所以網路上出現了許多的鍵盤俠。什麼難聽的評論都敢說，就算被肉搜出來了仍然一副理直氣壯的態度，覺得受害人要是不喜歡就不要看就好了。若是這些人清楚地知道自己靈魂的黑盒子會記錄下他們每一個惡意的傷害，並在他們進入白光之前得到他們應有的懲罰，他們或許就不會說出這麼不負責任的話了。

我小時候因為體弱多病又長得跟別人不太一樣，所以常常成為被霸凌的對象，這使我度過非常黑暗的童年和青少年時期。不但身旁沒有朋友，又常常受到攻擊之外，我還不自覺地把自己變成一副隨時要跟別人幹架的樣子。有一次，我跟女兒聊到自己年少時的歲月，她不但很難把我跟小太妹形象聯想在一起，更不能理解為什麼我會成為別人霸凌的對象（或者她覺得我比較像是霸凌者？XD）。我提到小時候因為體弱多病的緣故，身形比一般人瘦小，又沒有辦法正常上學，再加上父母不在身邊，長期寄人籬下，所以總是很容易成為他人排擠的對象。特別是在青少年時期，好不容易見到自己的父母，卻發現自己的父親是個十足的混蛋，更讓我原本期待的心直接黑化。

於是女兒很好奇當時的我究竟如何從那段黑暗時期走出來。我說：因為我有一天突然**不想讓任何混蛋來掌控我的人生了**。為什麼我要賦予他人那麼多的權力來決定我的日子應該怎麼過呢？於是我決定跟父親斷絕關係，靠自己的能力養活自己，而不是總得要看他的臉色和聽他不堪入耳的批評。也是從那一刻開始，我感覺到前所未有的自由，人生的掌控權再度回到自己的手上。在人生當中，會有許多人帶著冠冕堂皇的頭銜公然地霸凌你。他們可能是你的父母、老闆、伴侶或是公婆，他們帶著自以為是的合理身分，一副理所當然地霸凌你，無論是肢體上或是言語上。

但我想要與各位分享的是，無論你的身分是小孩子或大人，請相信被霸凌是一種選擇。先說網路上那些針對你又不堪入目的評論，當你難過的時候請讓自己換個角度想想：為什麼你要讓一個連對方真實姓名都不知道的人來決定你的喜怒哀樂呢？這個世界上沒有任何一個人可以滿足所有的人，就算是聖人也可以輕易地找到反對他的聲音。所以當你遇到惡意的批判時，請先思考對方在你的生命中占有什麼樣的重量，若是個生活完全沒有交集的人，自然沒有理會他的言論的必要。

但若是傷害你的人是你生活圈裡的人呢？我在成長的過程中學到一件重要的事：**認識自己以及找到自己的個人價值很重要**。這會幫助你理解自己的界限究竟是什麼。我所要求的尊重，不會因為對方的身分改變而有所不同。若是在寄人籬下的狀況，我會想辦法讓自己有養活自己的能力，我會想辦法讓自己無論是在心理上、身體上或是物質上都有保護自己的能力。如果是不喜歡的人，我就會拒絕他進入我的家門，無論對方是什麼身分。你的底線必須由你來捍衛，而不是理所當然地期望他人應該理解。

所以我說，被霸凌是一種選擇。你可以選擇永遠當個受害者，又或者是找到讓自己強壯以及保護自己的方式。想一想，如果可以選擇的話，你會選擇用什麼方法保護自己，並且明確地劃出自己的界限呢？

初到地球的靈魂

對應頻道 240 集

在靈性時代，相信各位一定常常聽到「新／老靈魂」這類的名詞，甚至有很多人自稱是外星人，從來沒有來過地球投胎。他們對地球的所有事物都產生強烈的排斥感，有時候還會說些人們聽不懂的語言，有種遲遲無法融入群體的感覺。

今天我想要針對這樣的靈魂來討論，不是老靈魂或是新靈魂，而是這些第一次來地球投胎的靈魂。

老實說，宇宙之大讓我深信自己還有許多不知道的事物。我相信這個宇宙有其它的銀河系，有不一樣的生命，也有遠超過人類所能認知與理解的不一樣的存在。在這樣的基礎下，我相信地球只是個學習教室，猶如大學裡的某一堂選修學分一樣。之所以投胎於地球，只是單純地想要完成某個學分，並沒有任何好壞對錯，也沒有新、老靈魂之間的差別。我相信每個人都輪迴投胎了好幾次，只不過不侷限於地球，也不是只能做人類該做的功課。

之所以提到這個話題，是因為之前有位網友提問：**地球上是否有第一次投胎的靈魂？如果有的話，會擁有什麼樣的特質呢？第一次來地球的靈魂應該都是快樂又無憂無慮的，但為什麼還會有那麼多的痛苦與悲傷呢？**在多年的諮詢中，我還真的遇過一些在他們的資料庫裡沒有任何地球資料的客戶。這樣的人在醫學上很容易被診斷為 ADHD，但實際上這種全新的地球人和 ADHD 有著完全不同的特質。

一般來說，他們給我的感覺很天然。比起滿滿的苦痛，他們所擁有的是更多的好奇。他們像是坐不住的小孩，對所有的事物都有強烈的好奇心，想知道是什麼以及為什麼。就好比大學新鮮人在選修了一堂課之後，會有強烈的慾望想要知道自己可以學到什麼，又可以做什麼一樣。他們看待所有事情的眼神都像是從來沒有見過那樣的東西，他們可以盯著一樣簡單的東西看很久，也會很專注地想要把一件事學好。他們清澈的眼神會讓你知道他們有滿滿的求知慾，他們有問不完的為什麼，真心地想知道地球上所有事物的運行方式。這是與人們所認知的 ADHD 最大的差別。

反之，一個在地球上輪迴很多次的靈魂往往會因為過往的經驗而累積許多的恐懼，這使得他們無法專注在一件事情上。在與人交談的時候，可能也會因為內在的恐懼而不敢直視對方。他們會害怕、緊張與逃避，這源自於靈魂過往經驗累積的緣故。我個人覺得從他們的行為以及對話互動上，可以清楚地分辨他們是否是在地球上輪迴很多次的靈魂。

這位網友還想知道，**新的靈魂都應該是高興又無憂無慮的，那為什麼我們還要經歷那麼多的苦痛？**其實，從事諮詢這麼多年來，我有個非常深刻的領悟，就是地球只不過是個讓所有靈魂學習情緒管理的教室。我們在這裡學習如何處理靈魂各種面向的情緒。人們沒有經歷過痛苦的快樂並不是真正的快樂，因為在沒有任何比較的情緒之下，快樂本身是沒有意義的。但是在體驗過痛苦之後，人們自然就學會珍惜得來不易的快樂。

在許多人相信地球監獄論的環境下，我其實更相信地球是個學會情緒管理的好地方。透過累世的輪迴，讓我們了解所有情緒之所以存在的原因。雖然我們會逃避與壓抑，但也肯定經歷過爭取與面對的勇氣。這此起彼落的角色替換，讓我們慢慢地學會成熟地掌控自己的情緒，並找到靈魂所需要的平衡。

在進入覺知的世代之後，許多的工作都會漸漸地讓人工智能取代，這讓人們的意識更加地抬頭，也會允許我們投注更多的心力在靈性開發之上，而不是將生命浪費在機械式的生活模式當中。我們會開始意識到自己存在的意義，以及在宇宙之間該扮演的角色——我可以做什麼，又可以為他人做些什麼？靈魂的最終目的是建立自己存在的價值。一次又一次的輪迴，不是為了證明你不夠好，而是為了讓自己變得更好。之所以經歷這些苦痛，是為了讓自己理解所有情緒的面向，以及學習如何成熟地掌控自己的情緒。

有覺知的人會不斷地反省自己，思考提升自己的方法，而不是允許自己自哀自憐地成天抱怨老天為什麼對我如此殘忍。

地球是一個學習情緒掌控的遊樂場。或許你在別的星球可以學習如何飛行、玩火，又或者是研發宇宙間超強的新科技，但在地球上生活一段時間的你應該發現，所有事物都脫離不了人與人之間的互動。直到今日，我還是不相信地球是監獄的論點。我覺得在地球這個教室裡，人們可以學到情緒掌控、平衡自身能量，以幫助他們未來在宇宙間找到自己的定位。

地球上的新鮮人的確有跡可循，但絕對不會是人們認知裡什麼都害怕的狀態。他們對地球上的所有事物感到新鮮與好奇。不過這並不表示那些感到充滿痛苦的靈魂們是毫無進步的，因為他們鐵定經歷了許多，才會有今日的恐懼。往好的方向去思考，至少這些靈魂在地球上已經學習到很多。唯有體驗過真正的痛苦，才有辦法了解真正的快樂，不是嗎？學習情緒掌控是一個平台，而且唯有通過經驗，才能真正體會其中的價值。

是作夢、回溯，還是時空旅遊？

對應頻道 245 集

今天我想要與各位討論的問題是：**我要如何分辨做夢、回溯過去，還是時空旅行？**

我在之前的文章提過睡眠很重要，因為睡覺可以讓你的靈魂進入深層的潛意識，讓你的靈魂與你的身體好好地調整與休養。由於人們在醒著的時候大多是藉由意識去支配生活，所以有時候在白天遇到解決不了的問題，靈魂會在睡覺時回到源頭尋找答案。這也是為什麼有很多時候，明明想破頭都仍困在死胡同的你，睡了一覺之後就突然靈光一現地找到問題的出口，這源自於靈魂在睡覺的時候會回到源頭，協助你找到人生應有的方向。

不過今天不是談睡覺，而是做夢。有網友想要知道如何從夢中分辨那是做夢、回溯過去，還是時空旅行。我單就個人經驗與大家分享。

我們先來聊聊做夢吧！我是個不太會做夢的人，不過在少數的情況下會跟大家一樣，當意識有所反射或是缺乏的時候，就會透過夢境來反應意識的問題。這對我來說是單純的做夢，感覺就像是在看電影一樣。醒來之後人們還可以清楚地描述場景、畫面，甚至是夢境裡頭出現的主角。但就像所有人看完電影後的感覺一樣，你只會記得最扣人心弦的情節，卻不一定記得所有的細節。做夢通常建立在兩種目的上，一是反應你清醒時所面對的事，二是為了彌補你在清醒時沒有被滿足的缺憾。這樣的感覺跟人們常說的「日有所思，夜有所夢」很像，也是為什麼你早上在連續劇裡看到的男主角，晚上會出現在夢裡的主要原因。

再來讓我們談談「回溯過去」。我曾經提到，當靈魂在睡眠狀態時，會回溯過去。然而，這樣的行為並不限於睡眠時，事實上，清醒時回溯的機率甚至比在睡眠中更高。回溯過去就像是回憶自己的童年，例如：最快樂的時光、第一次接吻、最悲傷的時刻，或者是永遠無法忘記的記憶……。當你回溯這些記憶時，是否有察覺到你的身體仿佛跟著當時的回憶產生反應呢？當時入口的棉花糖仿佛此刻又回到你的嘴裡；你曾摸過的絲綢布料仿佛又在你的指間滑過；你的心仿佛剛剛分手一樣還在隱隱作痛……。在我的靈學旅程中，最大的發現就是靈魂有辦法讓身體隨著記憶再度體驗相同的感官，無論是事件發生在前世還是今生。換句話說，只要是你的靈魂曾經體驗過的，無論何時何地，一旦你回溯到那個時候，你的肌肉記憶就會呼叫當時的感官，讓人感受到花香、口中的巧克力，甚至是當時微風輕撫臉頰的感受。這種連帶喚起身體感受的記憶，大多是回溯過去所產生的，因為它曾經存留在你的記憶中，所以當你回溯時，你的身體也會產生肌肉記憶。

最後來談「時空旅遊」。靈魂在睡眠時極有可能選擇進行時空旅遊，這使得你在夢中可能會出現你從未見過的場景或是你在現實中未曾到過的地方。但是與前兩個主題不同之處在於，時空旅遊完全沒有任何的情感體驗，就像你從未去過希臘一樣。因為你的靈魂沒有任何關於這個地方的記憶，即使你真的身在當地，它對你而言也只是一個國家而已。你可能不會特別喜歡，也不會特別討厭，因為它對你來說只是一個全新的地方，你的意識裡對它並沒有任何儲存的記憶。由於你對這個地方不熟悉，你的反應可能會像是在接觸所有新奇事物一樣，充滿好奇心，也想要去探索。你可能會記得你在時空旅遊中的新發現，但不像夢境或是回溯過去一樣有許多場景和細節可以與他人分享。

其實人們在睡覺的時候，最常做的不是作夢、回溯或是時空旅遊，反而是「回到源頭」。通常回到源頭的靈魂，在醒來之後會覺得精力充沛，而且完全不記得自己去了哪裡或作了什麼夢。更重要的是，睡前還煩惱著的腦子，在睡一覺之後就好像通了風一樣清爽了。「源頭」有點像是靈魂的起源，或者是你的靈魂還未投胎之前，在與其他靈魂進行小組討論、計劃自己人生與平台的地方。當你的靈魂在現實生活中遇到困境時，在你的意識休息的時候，就會想要回到源頭為你的生命尋找出口，幫助你繼續前進。源頭與作夢、回溯和時空旅遊最大的不同之處在於你沒有任何立體的感受，也不會記得任何夢境，但醒來之後的精力遠比這三項還要好，光是腦子就清晰了許多。

清醒夢也是同樣的道理。我們可以透過身體感官以及情緒的起伏觀察來推斷自己經歷了什麼。希望這篇文章回答了大家的問題。

情緒從哪裡來？

對應頻道 244 集

不知道各位是否好奇情緒從哪裡來呢？在討論這個話題之前，讓我先跟大家談談一些物理化學的觀念吧。大家都知道，世界上任何物質只要碰撞就會產生反應，對吧？同理，兩種不同的化學元素融合在一起時也會產生第三種元素或反應。我之前在文章中提到，靈魂是由不同的元素摩擦之後產生的意識能量。這樣的能量再經歷不同的摩擦與互動後，會逐漸分化發展成更複雜的意識能量體，進而演化成人們所知道的「靈魂」。

當靈魂發展到一定程度時，就需要透過肉體體驗來發展感受能力。因此，靈魂需要透過身體來創造感官，而不同的軀殼會產生不同的感受，例如樹所能感受的範圍與方式一定與人類不同。意識能量透過感官的刺激來發展感受，以人類相互觸碰為例，有些人喜歡，但有些人非常排斥。由感官所延伸出來的感覺會因為每個靈魂的特性而有所不同。簡單來說，當你把兩種元素放在一起時，就可以製造出完全不同的反應。由身體體驗到的反應則會形成你的意識，而你的意識與身體之間產生的互動就是所謂的情緒。換句話說，情緒是由意識與感官互動後衍生出來的產物。

有人好奇掌控情緒與壓抑情緒有何不同？雖然我覺得「掌控」與「壓抑」在字面上已經解釋得很清楚了，但或許我可以善用自己短話長說的能力再解釋一遍。

一般懂得掌控情緒的人會了解自己為什麼有那樣的感覺，同時也會知道該如何將自己從情緒中拉出來，而不是讓情緒過度地支配腦子。這通常需要透過練習與實驗，對自己有一定程度的了解才有辦法做到。就好比有人意識到自己的心情不好，他會選擇先安撫自己的情緒，而不會在這個狀態底下輕易地遷怒他人，或是做一些沒有理性的行為或決定。他可能會運用自己的情緒去做一些比較有效率的事，也可以用最快的方式消化這樣的情緒，但不管他的情緒為何，都不會影響他最後去面對根本的問題。因為他了解是什麼事件導致自己的情緒，也知道如何讓這樣的情緒去製造出自己想要的反應。在這樣的情況下，我會說他是個懂得掌控情緒的人。

這跟壓抑情緒的人最不一樣的地方是，習慣壓抑情緒的人不一定知道自己為什麼會有那樣的情緒。不過，這並不表示他們永遠不會知道，而是他們可能無法在情緒發生的時候明確地知道是什麼因素導致這樣的情緒。這源自於他們習慣不正視自己的問題與情緒，也可能習慣將自己的情緒歸咎於別人。所以，當情緒產生的時候，他們無法自己處理，反而期望他人來安撫。

因此，掌控情緒與壓抑情緒最大的差別在於，會壓抑情緒的人不一定知道自己為什麼會有情緒，而且也不知道該如何從情緒中拯救自己，以及如何改變自己的情緒。以我不喜歡露營這件事為例，我明明不喜歡，卻每次都讓老公帶去露營，搞到最後自己身心靈不愉快。我可能會因為一件很小的事而大發雷霆，並把所有的罪過都歸咎在老公身上，認為只要他不帶我去露營就可以解決所有的問題。但其實，我也可以表明自己真的不喜歡露營，然後與他協調，看自己是否可以不必每次都去，只參加我有興趣的活動就好，又或者是拒絕參與，不勉強自己。而且在露營時，也不要什麼事都自己攬起來做。了解自己在做什麼的情況下不會超出自己的底限，並明確地做好溝通以避免情緒波動等等，這些都是自我情緒管理的方法。

所以「情緒從哪裡來」？它是你的意識與感官產生互動後的反應，就如同這個世界上任何元素的互動都會製造出完全不同的反應一樣。就好比杯子裡裝水後會變成水杯，裝酒後會變成酒杯一樣。雖然這大概是全世界最糟糕的例子，但希望各位還是知道我想要表達的意思。會掌控情緒的人永遠知道自己為什麼會有這樣的情緒，他們大部分時間願意正視自己的情緒，也知道如何從這樣的情緒中抽離或是改變它。而壓抑情緒的人大多有逃避以及不願正視自己的情緒的習慣，更不知道如何跳脫自己的情緒。他們通常會把責任歸咎在第三者身上，希望藉由他人來改變自己的情緒。希望有回答到大家的問題。

人與人之間的能量振動

對應頻道 225 集

許多人認為能量振動與脈輪顏色是相同的東西，但是對我來說它們完全不一樣。每個人會因為自己在某段時間的經歷而改變身上的脈輪顏色，這也會影響到他們做決定的態度與心境。透過一個人的能量振動幅度與通暢度可以看出他的能場是否穩定，也因此可以透過觀察「能量振動」和「脈輪顏色」這兩者的配合度來評斷一個人那陣子的狀態。

靈魂的狀態在宇宙底下是無所遁形的。之前的文章曾經提到，一個人的能場在穩定的情況下是呈現球狀包覆全身，並經由核心通道順流而行。這種良好的循環會對身體形成一種不易被他人侵犯的保護膜，也是靈魂最佳的狀態。只不過人們常常會因為生活中的種種壓力，無論是家庭、工作還是愛情，而活在自己的邏輯所編織出來的腦洞裡。這使得人們常常忘了與自己的身心靈連結，也是導致自身能場常常堵塞且容易受到外在攻擊的主要原因。在這樣的情況下進入到一個陌生的公共場合時，往往會受到外在環境的影響而改變自己的情緒。一個能場穩定的人雖然不會那麼容易受到影響，但是當他們進入這樣的環境時，可能會對某些特定的人產生喜歡或是不喜歡的感覺。這源自於他們感受到對方與自己能場的契合度或者是相斥度。這樣的感覺並沒有所謂的好壞對錯，只是單純地取決於彼此的能場頻率是否相符。通常體質比較敏感的人都可以感覺到這樣子的振動，所以有些通靈者會在工作前先設立結界，以過濾或緩衝外來能量。一般人不會排斥與自己頻率相似的人，通常是振動幅度差距太大的時候才會產生上述的排斥感。此外，兩個 Alpha 碰面時可能也會產生排斥感，這源自於生物的領域性主權反應，所以對於任何有可能會對他的領域造成迫害的外來者，都會讓他產生防禦本能。任何排斥感只要再加上其他的元素（無論是振動或脈輪）都會變得更加地強烈。

許多人認為兩個互相討厭的人，就是要學會喜歡對方才叫做功課，但是我個人覺得這是很不合理的事。因為他們在能場的振動上就是互相排斥的，若是脈輪顏色相似的話，那麼就算沒有外來的助力，他們也會慢慢地從對方的身上看到相似之處，而減少對彼此的討厭。但若是完全相斥的人，經過再長的時間，他們也極有可能仍然互相排斥，就好比水火不能相容的道理。而能場振動相似、脈輪顏色又相符的人，往往會在第一次見面就有認識很久的感覺，也較容易發展出友誼。一般會呈現出兩個獨立個體的圓，有1／3範圍互相交集的影像。

但是，上述這種能量運作方式在情侶身上則不大相同。因為當一個人喜歡另一個人的時候，他會全然地接受對方的能場，也會改變自身的振動以迎合對方的振動。如果兩人情投意合，那麼在能場振動的交流上就不會是兩個獨立的圓重疊交集，而是形成一個類似無限大圖形的影像，在振動頻率上也是比較一致的。反之，單就能量場來看，其中一方是一廂情願的情侶則會比較像是一個獨立的圓，又或者是上述兩個獨立個體的圓互相交疊的影像，而交疊面積取決於兩人情投意合的程度。所以，兩個人是否相愛，往往可以透過觀察彼此能場流動與運作方式得知。由於情侶的能場是以無限大的循環方式傳送與接收，再加上相由心生的道理，兩個人相處愈久愈會慢慢地發展出相似的面相。

大部分相愛的情侶，即使兩人之間有很遠的距離，也不會改變能量傳輸的運作方式。但也有很多情侶寧願活在自己的故事裡，不願意溝通，造成彼此漸行漸遠，或者是同床異夢的結果。

通常，單就能量上的觀察，就可以看得出一個人是否有出軌或外遇的情況，因為他的能場會與自己的另一半形成兩個互不交集的圓，而與其他人產生無限大的循環。能量循環軌跡通常可以從出軌的一方追到他心心念念的另一個人身上。而大部分的伴侶之所以可以感應到自己的另一半出軌，其實源自於之前所提到的領域性主權反應。大部分的人對於熟悉的能量振動突然產生改變，又或者是混雜了不熟悉的振動都會相當地敏感，特別是同性對彼此間的振動敏感度又會比異性還要來得高。說穿了，在靈魂的狀態底下根本毫無隱私可言。

此外，這種大八字的能量振動也存在於親子之間。由於是與生俱來的能場（因為母親在懷孕的時候就已經不斷地在餵養以及感受體內胎兒的能量），使得父母與小孩之間一直保持著一種共振的狀態，這也是為什麼媽媽似乎特別容易抓到小孩說謊的主要原因。

其實，我覺得要維持情侶之間的能量以大八字的方式交流，最好方法是保持良好的溝通。我曾經說，最有效的溝通方法是保持傾聽的心態，聆聽對方真正想要表達的需求，並尋找彼此的共識，而不是活在自己的世界裡，一味地表達自己內心的話，並期望對方完全地配合。此外，我建議情侶即使在吵架的時候，也盡可能地睡在同一張床上，因為兩個人的能場不僅在醒著的時候交流，在睡覺的時候也會。睡前講不通的道理，有時候睡一覺之後就比較能夠理解對方的立場。

不單單是人，任何擁有靈魂的生命，無論是生物、植物、動物或寵物，在能量振動上都會產生相同的效果。雙胞胎的心有靈犀也是能量共振的道理。這世界上有許多的狀態是肉眼看不到，科學也無法解釋的，但如果了解能量振動的原理，就會清楚地知道自己為什麼有喜歡與不喜歡的人事物，而不會為這樣的感覺附加太多是非對錯的意義喔。

永遠的二十八歲

對應頻道 242 集

認識我的人應該都知道我每年都在過二十八歲生日。許多人認為我之所以老是宣稱自己二十八歲是因為不認老，但是我對於自己的年紀真的一點異議或糾結都沒有，每當有人問我幾年次的時候，我都會坦白地回答。之所以每年都過二十八歲生日，只不過是一個跟小孩從小玩到大的遊戲。在孩子還很小的時候，我覺得他們永遠不知道自己的媽媽幾歲是件很好玩的事，久而久之二十八歲就成為一個我自認理所當然的歲數。

我對歲數沒有太大的問題，之所以選擇「二十八」是因為我個人覺得那是一個不大也不小的歲數，能允許自己一知半解，又有許多成長的空間。而且因為總是覺得自己在靈性的旅程上永遠像個新手，所以「二十八」自然成了一個合理的數字。

後來之所以一直將自己的年紀設定在這個歲數，則是因為我剛生完小孩的時候，身旁有一些年紀比較大的媽媽們常常抱怨自己體力不好，沒有管教小孩的精力。他們總是會羨慕我年輕，也不斷地告誡我老的時候就會知道他們的力不從心。他們特別喜歡討論一旦到了某個年紀之後，減肥簡直就是天方夜譚，不像年輕時可以想吃什麼吃什麼，不必擔心體重會直線上升。

或許因為當時自己正處於二十八歲的年紀，對於自己的體能與心態還算滿意，再加上靈學旅程讓我了解到人的意識能量可以顯化任何的實相，所以「二十八」這個數字就從那個時候一直陪伴我至今，讓我每年都在慶祝二十八歲生日。

也正因為有這樣的基礎，我開始觀察到這麼多年以來，我沒有經歷過那些媽媽們抱怨的種種事情，即便我早已經過了他們當初的年紀，卻沒有體會過那種力不從心的感覺。雖然我的壓力胖讓我的體重如溜溜球一般，有高有低，但是並沒有經歷過「減肥很難」的困境。幾乎任何只要我有決心想做的事，都可以在最後達到我想要的結果。我很少拿「我年紀大了」來當作藉口，只要是小孩子想要做的，我幾乎都會盡力地配合。

一個人的實際年齡完全不需要與他的靈魂年齡畫上等號，只要是你的靈魂相信的事，你的身體幾乎都會完全地配合。這也是為什麼我會建議各位為自己設定一個「靈魂年紀」，並活出那個年紀該有的樣子。因為一旦你可以說服自己的靈魂相信這件事以後（不是你想要成為那個歲數，而是你真的相信自己就是那個歲數），那麼你的身體就會慢慢地活出那個歲數的潛能。那種感覺就好像人們在稱呼你的名字一樣，名字並沒有任何的意義，只是你這個人的代表字罷了。當然，「二十八」是我覺得適合我自己的數字，你也可以選擇任何你覺得最適合你的年紀，慢慢地活出你的靈魂最想要的樣子喔。

Chapter 4

走出舒適圈，擁抱生命中的「如果」

如何變得勇敢？

對應頻道 205 集

時常有客戶問我，該如何讓自己變得勇敢，又或者是要如何才能有勇氣去面對生命中的難題。其實，我並不是一個勇敢的人，特別是我自小在長期臥病在床，又總是被批判的環境下長大，我比任何人都容易躲進自己的黑洞裡，與世隔離。不過，正因為這種極端的環境，讓我相信人們到了一個時間點總是不免會有種「受夠了，希望再也不要繼續下去」的感覺，進而驅使他們為自己的人生做出一些改變。也正因為他們做出與平常不一樣的決定，願意踏出自己的舒適圈去嘗試以往從來不敢嘗試的事物，人們便開始覺得他們是「勇敢的人」。

我曾經說過：勇敢不是與生俱來的，而是一種需要透過訓練而培養出來的肌肉。單就個人的經驗而言，我認為**一個人要變得勇敢，首先要做的就是先忘了自己是誰**。因為人們常常活在一個自顧不暇的世界中，任由恐懼掌控自己，這樣的生活態度會讓人很難跨越自己的舒適圈。這也是為什麼人們如果要變得勇敢的話，第一件要做的事情是擺脫自己原有的身分，讓未來的你來引導你朝著未來的方向前進。

你可以好好地透過深呼吸來擺脫內在小我的情緒。在調整呼吸的時候，不斷地告訴自己「我做得到！」然後睜開眼睛，毫不猶豫地直接去做那樣的事。記得，千萬不要遲疑，因為習慣讓小我支配生活的你一定很快地會被內在那個恐懼的聲音說服，進而演變成什麼事都做不了的原地踏步。在很多情況下，我們寧願做過而失敗，也不願活在「當初如果我做了什麼，就會有什麼結果」的無限猜想裡。那種什麼事都不做，最後導致什麼結果都不知道的感覺，其實才是最讓人懊悔的。

「勇敢」往往是人們願意去面對自己的恐懼所達到的結果。人們之所以害怕，是因為他們知道自己必須透過面對恐懼，慢慢地將自己調整到正確的軌道之上。只是有時候人們的恐懼過大，反而會讓他們的生活出現障礙，變得害怕去接觸人或事，也無法體驗真實的生活。所以今天透過這樣的練習，我希望各位可以逐漸分辨出什麼是可以幫助你遠離危險的生存機制，什麼又是因為想太多所產生的恐懼。分辨的原理其實很簡單，生存機制不會影響到你的正常生活，但是腦補所產生的恐懼卻會讓你的生活產生障礙，所以一旦你意識到你的恐懼影響到生活的時候，那麼你就應該試著讓自己去面對那樣的恐懼，慢慢地學著克服。

當然，我不是說只要一感到害怕，就要一頭栽進去地克服它，我知道有些東西真的很難強迫自己去面對，例如怕高、怕水等等，但是讓自己習慣與使用漸進式適應的方法，總比什麼事都不做，只是不斷地重覆著「我害怕」要來得好很多。

今天特別與各位分享這個概念，是因為我覺得每個人的人生中難免會有一兩次遇到「Calling（天命）」的時候，就像是遇到可遇不可求的機會，或是夢寐以求的工作等等，但當這樣的際遇或機會發生時，人們卻總是很快地落入自我批評的狀態中，或者是陷入認為自己不夠好的恐懼當中，常常因為自己被小我說服了，導致到最後什麼事都不敢做。我希望當人們遇到這種「明明很想要，但又不敢要」的情況時，可以試試這個方法：**先閉上眼睛想像那個未來理想又有自信的你，透過呼吸來平穩自己的情緒，相信自己可以，並在睜開眼睛之後毫無顧忌地放手去試**。那麼你會發現所謂的「勇敢」並沒有想像中的遙不可及。我相信「勇敢」是每一個人都做得到，也有辦法練就的肌肉，更可以透過不斷地練習而自然而然地成為生命中的一部分。因此，各位如果有興趣想要嘗試一些與現有生活不一樣的行動，就試試我的方法吧。想想看，那是不是會讓你心跳加速，但做了之後卻會讓你覺得不可思議、暢快的事？如果有，就練習讓自己放手去做吧。（當然，做所有的事都要以尊重為前提喔！）相信我，寧願失敗也不要讓自己什麼事都不做，只有勇敢的你才有辦法去開創出你想要的生活。

在你沒採取行動之前，那永遠是別人的點子

對應頻道 210 集

不知道各位身旁是否有這樣的朋友？當他們在電視上看到有人因為某些原因賺了一大筆錢，就會急著說自己早在幾十年前就有那樣的點子，有時候甚至會說是別人偷了自己的點子。儘管每個人都希望自己能像 Steve Jobs 或 Elon Musk 一樣，但殘酷的現實是，在你把腦海中的創意實現之前，那永遠都只是別人的點子。

這麼多年的靈學旅程讓我研究出一件事：我們並不是以單一次元存在，而是許

多次元重疊在同一個空間並行。也因為這樣的觀察，讓我發覺我們其實都是一種振動的存在。也就是說，不管是有形或無形的存在，都是一種振動。如果能夠理解這個道理，也就能理解我們的身體和意念都是一種振動。只要在這個空間下有任何的意念，無論是什麼樣的意念，它自然會產生振動而發送到這個空間裡的多重次元。一旦振動傳送到所有的次元裡，那麼它的資訊就可以供所有人隨手取用。所謂的資訊，並不受到時間與空間的限制，它可以是過去的資訊，也可以是未來的資訊，可能是一些無厘頭的想法，也可能是一些讓人意想不到的發明。不同的資訊會產生不同的振動，就如同每個人有不一樣的振動，就連情緒的高低起伏也會改變我們原本的振動頻率。我們會因為自身振動頻率的改變而接收到完全不同的資訊，也就是說，**當我們的振動頻率與存在次元裡面的資訊的振動頻率相同的時候，就會幫助我們的腦波去攫取那樣的資訊。這在人類的理解來看，就像是天外飛來一筆的靈感與創意。**

如果了解這個道理的話，就會知道這宇宙間沒有什麼資訊是原創的，只不過是因為自身頻率的振動不同以致於接收到的訊息跟著改變。因為振動是不受到時間與空間限制的，任何意念的產生都會儲存在我們身處的多重次元裡，無論是過去、現在或是未來。同樣的道理，今天如果某個振動讓你感受到突而其來的創意，那表示這個創意極有可能也會同時出現在他人的腦子裡，因為那取決於自身與資訊的振動頻率是否相符的基礎上。既然創意人人都有，那是否在現今社會裡每個人的創意都可以被稱為原創呢？這就取決於誰願意先將自己腦子裡的創意付諸行動，讓它成為一個人人可以見證的實相。

雖然想法人人都有，但是我們很容易被身旁的大小事情說服而不採取任何行動，可能是因為工作太忙、沒有時間、沒有金錢、家庭因素等各種原因，即使腦中有再好的想法，都會因為現實考量或是給自己很多藉口而放棄。或許想出點子的你真的是原創，卻因為你不願採取任何行動，而讓宇宙底下任何人都有攫取相同資訊的權利。如果接收訊息的另一方行動力比較快，那麼當他開始採取行動並讓那樣的創意成為實相時，在眾人眼中他自然成為名副其實的原創者。

所以，我想與大家分享的是：如果各位了解靈魂一直存在於一個多重次元的宇宙中，並且無論有形無形都是以振動頻率的方式存在，那麼唯一能說服群眾相信你是這個創意的原創者的方法，就是讓自己採取行動，將創意顯化成實相（雖然在宇宙中這沒有任何意義），而不是總是什麼事都不做，卻抱怨別人偷了你的點子。既然宇宙中的資訊可供任何人攫取，那麼在你採取行動之前，點子永遠是大家的。

當然，我希望大家不只是將點子用於賺錢。有時候，未來也會給予許多暗示，例如你的未來可以成為什麼樣的人、做什麼樣的事，如何可以讓自己過得更好，或者是如何讓自己變得更快樂……，我們其實常常接收到許多的暗示，卻也常常因為身旁的事情而給自己許多不去實踐的藉口，始終停留在原地。等到五年、十年過去了，看著身旁的人可能透過自己的建議而慢慢地創造出同樣的目標之後，我們才悔不當初地抱怨對方用的是自己當初給他的點子，並如何偷了自己的想法。

我希望各位無論是面對創意的點子或生命的想法，都能盡己所能地開始採取行動。**唯有當你採取行動，你才有辦法讓自己成為一個活生生的證據**。透過一步一腳印的體驗，讓腦中的想法成為不容他人質疑的真實。不要讓自己一直活在羨慕他人的懊悔之中，也不要總是嫉妒他人的成功，因為有時候你和對方的差別只在於誰先行動而已。

對生命沒有勇氣的理由

對應頻道 213 集

前幾篇文章中我有提到如何讓自己變得勇敢，我個人認為真正變得勇敢的方法就是不要想太多，放手去做。因為大部分的勇氣都是透過一遍又一遍的練習得來的。反之，若是有任何想法而不立刻執行的話，就很有可能讓自己的腦子產生各種藉口，進而折煞內心僅存的一點勇氣，到最後反而變得什麼事都不敢做。

近期有網友問我，有些人可能會因為畫地自限而失去自信，也相信自己天生命運悲慘，雖然說要放手一搏去練習自己的勇氣，但他們天生就不相信自己有那種好運，也認定自己不管再怎麼努力都得不到他們想要的結果，生命中或許就注定沒有婚姻、財運、功成名就……，再加上算命的也說他壓根沒有那個命，讓他們更加挫敗地感覺自己失去生命中的各種勇氣。

其實，缺乏生命中的勇氣是因為人們在成長的過程中被家長、兄弟姊妹、師長、情人或任何環境說服，讓他們相信「自己根本不值得擁有」。可能是自己想要成為某種人，卻被嘲諷說那是永遠不可能的事，又或者是想要做某件事卻被朋友嘲笑自己在做白日夢。這使得他們內心不管再怎麼渴望，都不會相信自己值得擁有。也正因為被說服了，所以他們不敢奢求，更不敢渴望，只能說服自己什麼事都不要做，以免丟人現眼。

站在靈媒的立場來看，由於每個靈魂的平台鋪陳不一樣，並不是每一個人的平台都會安排靈魂伴侶、小孩、成功的事業或是名車豪宅。在人生藍圖上，這些如同場景的鋪陳可以隨時替換，但重要的是靈魂透過這個人生的過程中領悟到什麼。假設一個靈魂想要在一生中學習愛自己，那麼這一生中所有的鋪陳都會以「愛自己」

為中心而開展，依照它所需要的情節來安排道路和場景。

正因如此，人生藍圖裡如果沒有那樣的安排，並不表示自己這輩子就白活了，更不代表既不需要勇氣，也不用認真去過日子。我們彷彿總是活在一個想要卻又得不到的世代，看著身旁的朋友們二十五歲就結婚，年近三十的你就不禁懷疑自己是不是一輩子嫁不出去；看著別人結婚第一年就生了小孩，結婚七、八年還沒消息的你就不禁焦慮自己是不是一輩子都不會有小孩。身為靈媒，我沒有辦法跟大家確保你的生命中一定會有那個真命天子、小孩或是多金的工作，因為人生中的種種安排全都是依照你的靈魂想要突破的障礙所設定。**靈魂真正想要的是，透過這短暫的一生學習之後能夠帶走的領悟與體驗**。也正因如此，在這麼多年的諮詢經驗中，我發現雖然每個人的功課不一樣，藍圖鋪陳與設定不一樣，但是都有相似的共通點，那就是**每一個人的未來都有一個靈魂最想要成為的自己等著被發掘**。由於這一生是專門為你的靈魂量身訂做的，所以那個最理想的自己往往也是你的靈魂最想要成為的模樣。它可能不是世俗或是父母眼中理想的標準，但絕對是會讓你的靈魂心服口服的理想模樣；它可能是享受自由的你，或是愛冒險的你，你可能會發現自己喜歡藝術、攝影、音樂，又或者是像我一樣是個好奇寶寶，特別喜歡鑽研所有讓人難以釐清的謎團。無論它是什麼模樣，絕對都是你的靈魂最想要成為的樣子。

所以當各位面對人生中的黑暗時刻，甚至覺得自己走投無路、一無所有的時候，請暫時參考我的視角，想一想，那個最理想的自己還在未來耐心地等待被你發掘。靈魂不會安排自己走不過去的路，當你心灰意冷的時候，休息一下，好好地與未來的那個你做連結，允許他帶領你走向你想要成為的模樣。既然現在的環境讓你感到窒息與沮喪，就不要允許自己一直於此躊躇。就算是一小步一小步地走，也讓自己繼續地朝著靈魂想要的那個方向前進。只要能專注地過好每一天，那麼總有一天，你一定會遇到你想要遇到的那個人，也會有能力顯化自己的實相。既然這是你的人生，那就由你自己來決定，不要再輕易地任由他人來指揮你的人生，說服你不值得擁有喔。

不作為與臣服的差別

對應頻道 247 集

常常有網友問我字面意義看起來很清楚的字眼，這讓我不禁覺得是自己的語文程度不好，才導致各位更加困惑。因此，這篇文章我依然要用非常不專業的語言能力來跟大家解釋這兩個字的差別：不作為與臣服。

首先是「不作為」。其實認識我的人應該知道我是一個不相信也無法理解「不作為」的人。在靈魂擁有強大的潛能可以顯化任何實相的情況下，我不能理解什麼都不做的目的究竟是為什麼。我不斷地鼓勵各位要多方嘗試，寧願犯錯也要從錯誤中得到學習，這樣的行為基本上就與「不作為」相差甚遠。因為一個不作為的人，靈魂不會得到任何的成長，自然也不會創造出任何他們想要的結果。所以，「不作為」等於什麼都不做，以維度來解釋的話，大概是點狀、靜止不動的零維度狀態，這不是我可以相信或是理解的事。通常不作為的人會給自己滿滿的藉口，讓自己有不作為的合理解釋，也就是說，在開始作為之前，他就已經有一百種為什麼會失敗的原因，導致他沒有任何的行動。

而「臣服（Surrender）」所涉及的層面比較廣，在中文意義上可能會找到類似「放棄」、「投降」之類的解釋。但我覺得與其說 Surrender 是放棄，不如說它更像是「我盡了自己最大的努力，在嘗試過所有的選擇之後只剩下放棄這一條路」。許多人覺得放棄是不好的，但它卻是每個人生命中必須學習的一個過程，是一堂重要的功課，它就像是人們所知道的「放下」。有時候過度的執著只會讓人活在痛苦之中，適當的放手反而更能迎接一片海闊天空。

我是一個喜歡硬撐的人，特別是我成長的環境讓我更不容易示弱，也不想讓人看到自己脆弱的一面，因此造就了寧死不屈的個性，要臣服於任何人根本是要我的命。原本還為這種死要面子的個性感到自豪的我，直到踏上靈性的旅程之後才清楚地感受到這根本就是條死路。因為任何的偏執都是導致人們走火入魔的導因，不論在我的腦子裡那是一件正確或是錯誤的事。所以我給自己的折衷方法是，在選擇放棄之前，我會先問自己「是否已經試過所有的可能？」如果我什麼方式都試了卻還是得不到想要的結果，那麼或許面對放棄才是我應該做的功課。這是我早期對於「臣服」的註解。

直到年紀稍長，也在靈性的道路上摸索了好一陣子之後，我開始對「臣服」二字有不一樣的認知。基本上它所代表的是：我願意放棄我個人的信念，去接受我全然不知道的世界。也就是說，我願意暫時拋開自己的飲食習慣或宗教信仰，以不批評的態度去重新理解對方的觀點與想法。在這樣的互動中，我總能夠看到可以幫助自己調整的有利觀點，即使是與自己對立的立場。接受對立觀點的過程也是臣服的一種。我承認自己不是一個容易被說服的人，引經據典的人永遠比不上活出自己生活哲學的人更能夠說服我。但是，臣服不是「被說服」，而是「放下自己原有的身段去接受他人的觀念」，這好似投降的舉動，卻讓我在日後感覺自己學到更多。

簡單來說，「不作為」與「臣服」的差別是，一個是什麼事都不做，而另一個是什麼都試過了，最後才決定什麼都不做。我是一個不相信「不作為」的人，但如果一個人選擇了「臣服」，我相信他鐵定盡了最大的努力並嘗試過所有的可能。

你會成為你相信的樣子

對應頻道 226 集

大家應該常常聽到我說「你可以創造（顯化）你的實相」，又或者是「你是自己宇宙的中心」等句子。最近因為常遇到這樣的問題，所以這篇文章就當作是咱們的小複習好了。前一陣子在錄音的時候，有一個十一歲左右的小女孩告訴我說，她長大以後要很有錢。我笑著說：「好喔，但妳得要真的相信喔！」於是她緊接著回答：「我是真的相信。」我又笑著重覆一次：「得要真的相信才行喔！」這反倒讓小女孩有點困惑，分不清楚「我想要」與「我相信」有什麼差別。

在過去這麼多年的諮詢中，常常有許多人跟我玩類似這樣的文字遊戲。他們會覺得自己是真的相信，但其實在他們的內心深處，「我想要」與「我相信」依舊隔著遙遠的距離。特別是每一個來找我的人都希望自己有錢，然而重要的是，他們是否真的相信自己會有錢呢？於是我試著跟小女孩舉例：「你想要變漂亮嗎？」小女孩想都不想地就點頭：「那當然。」我接著說：「我覺得你很漂亮。」小女孩卻因為這突如其來的讚美感到不舒服，她的第一個反應是低頭看看自己，不敢抬頭與我對視。這讓我接著解釋：「許多人都想要變漂亮，但不是真的相信自己是漂亮的。就如同剛剛的你一樣，因為覺得自己不漂亮，所以才會想要變漂亮。你的內心其實相信自己是不漂亮的。」

人們內在的信念會不自覺地顯現在外在的肢體語言上。大部分的人都是活在把「想要」當成「相信」的偽裝之下，卻沒有意識到自己的言行舉止會顯現出所有的破綻。特別是一旦過了三十五歲之後，我們的內在就會開始顯化成我們的外在。這也是為什麼我時常鼓勵各位去尋找自己的內在小孩。所謂的內在小孩一般是指你在五歲到十歲之間透過生活經驗所產生的自我設定。這個設定會依照每個人的功課而有所不同，可能會是「我不夠好」、「我很笨」、「我不夠漂亮」等等。人們在句子成形之後，會允許這樣的句子來掌控自己的人生，也會隨著年齡增長而合理化這樣的句子，或是給它不一樣的偽裝。慢慢地，我們自己也不清楚究竟是什麼樣的信念阻止我們活出想要的人生。因此我說，這樣的句子在小時候很容易找到，但一旦成為大人之後就得花上一點時間才挖掘得到，因為它往往會被隱藏在靈魂深處。

在現實生活中，我們都知道不能把一個家的掌控權交給小孩子，不然鐵定會是一片混亂的局面。但是各位有沒有發現，若是把自己的人生比喻成一間屋子的話，我們的內在設定就好比是那個不懂事的小孩，總是想辦法操控我們的人生。這也是為什麼很多人在成年之後仍舊覺得自己的人生一團糟，總是卡在人生岔路上，無法做出任何選擇。

我常說這個**內在小孩其實就是你真正相信的實相，因為你的人生總是由他來掌控，所以你才會創造出他所要求的人生**。今天如果真的想要改善生活，最好的方法是找到內在小孩的核心信念究竟是什麼，抓住每一個他想要替你掌控人生的時刻，並學會與他好好地溝通。透過每一次的犯錯與調整，讓自己更接近未來的目標，因為有所作為永遠會比原地踏步要來得好很多。即便未來可能會失敗，那也代表著有百分之五十成功的機會。所以不管未來的目標究竟是什麼，如果你可以好好地與自己的內在小孩對話，慢慢地找回主導權，那麼你一定可以帶領他走向你想要的未來。隨著你的自信增長，自然能夠更好地面對生活中的種種挑戰，朝著自己設定的目標前進。

所以我希望各位可以花點時間好好地探索內在的核心信念。如果不知道的話，就把「想要」兩個字去掉，並將自己套用在所有句子裡，例如：我很有錢、我很漂亮、我很受人疼愛……等等。若是你聽到這些句子時心中有所懷疑，那麼或許你可以慢慢地先學著與自己的內在小孩溝通，因為深植在你內心的信念才是真正決定你會成為的樣子的關鍵喔。

不要活在錯誤裡，而是從中得到學習

對應頻道 227 集

上一篇文章提到，你會成為你相信的模樣，也就是說，如果你相信自己不夠好，那麼你的言行舉止以及外貌都會漸漸地變成那個模樣。在進入今天的主題之前，我想要與各位分享一個小故事。最近我帶小孩到美國參加三天的排球比賽。或許是因為壓力，所以每個球員的表現狀態都比平常還要糟糕許多。這或許跟教練在比賽前就不斷地吹捧美國的排球選手有多麼地厲害有關。教練常說就連加拿大最頂尖的選手都打不過美國選手。然而這其實關係到加拿大的排球季只有五個月，而美國的排球季卻有一整年，光是練習與比賽的機會就遠比加拿大多一倍以上。或許是因為教練不斷地吹捧對方，使得所有的球員覺得不管再怎麼努力都會輸，就連平常還算有自信的女兒都這麼認為。三天的球賽只能用慘不忍睹來形容，因為大家擺明了一副「既然注定會輸，為什麼要努力」的態度。

之所以與大家分享這個故事，是因為我覺得這是一個很常見的生活態度。許多人常常覺得「反正做什麼都沒有用，為什麼還要努力？」特別是已經習慣失敗的人，幾乎會讓自己還沒行動就選擇放棄。在上述的排球比賽裡，球員們的表現遠比他們平日的練習還要糟很多，連最基本的接球與傳球都會犯錯。這讓平常不會多嘴的我也忍不住在整個球隊灰心喪氣的情況下多說了幾句：覺得自己會輸的人從一開始就會是個輸家的表現，真正想要贏球的人（至少要在心態上相信自己可能會贏），那麼上場時才能夠以氣勢壓制對方，並讓自己努力達到那個結果。

其實，我想要與各位分享的是：永遠不要允許自己活在錯誤裡面。

在球賽的過程中，球員們注意到自己的錯誤之後，只是不斷地指責自己為什麼會犯下如此低級的錯誤，但這種一味指責的行為並沒有讓他們變得更好，反而讓他們一再地犯下同樣的錯誤。我年輕的時候曾在一家貿易公司工作，當時客戶要我影印一張設計原圖，但是那張手稿卻卡在影印機裡而被破壞掉。客戶盛怒，而老闆也只是不斷地指責影印機為什麼卡紙（雖然這是當時很常出現的問題），卻沒有人思考接下來該如何解決。也正因為沒有任何的解決辦法，所以指責、互相怪罪成了唯一的出口。

其實大部分的人在這樣的情況下都會不斷地指責自己為什麼犯錯，而不會尋找解決辦法，只不過我剛好是個討厭別人跟我說「不可能」的人，所以即使客戶說沒有任何的解決辦法，因為那是唯一一張的原稿，我仍然相信，原稿是人畫的，如果我親自找到原設計師的話，說不定就有辦法解決了。因此在要了設計師的電話之後，我前前後後花了許多的車費，終於在當天 deadline 前拿到一模一樣的原稿回公司。（事後我發現那不是唯一的一張原稿，而是客戶只能從設計師手中拿到的唯一一張原稿。）

之所以分享這個故事，是想要讓各位知道，永遠不要因為外在的眼光而讓自己沈浸在不能自拔的自我指責裡。沒有人天生就是完美的，錯誤之所以發生，是讓我們藉此有成長的機會。這個世界上的所有事情都會依照你的信念而延伸，如果你真心相信沒有解決辦法的話，那麼你永遠不可能找到解決辦法。但如果你相信每一次的錯誤都是為了協助你成為更好的人，那麼每一次錯誤的發生都會讓你變成更好的人。如果人生遇到困境，而你想要找到方法的話，那麼就善用宇宙的資源，只要你有尋找答案的決心，宇宙永遠會給你答案。不要允許自己活在自哀自憐的錯誤裡面，一直問自己「為什麼這麼笨」並不會讓你變聰明，只會讓你逐漸地被自己說服，而相信自己或許真的不像別人一樣聰明。

人生充滿了選擇，有時候只需要換個角度思考，你就會發現生活中處處都有你所需要的答案。以這樣的速度前進，你會慢慢發現自己已經成長了許多，比幾年前的自己更好。因為你不再允許自己重蹈覆轍，而是會想辦法讓自己變得更好。只要今天過得比昨天好，那就足夠了，不是嗎？

女人會外遇的主因

對應頻道 246 集

有一天在開車的時候，我聽到廣播主持人在討論「女人會外遇的最大原因是什麼？」這讓我產生極大的興趣。男主持人說：「調查顯示百分之七十五的女人之所以外遇，是因為他們的男人太小氣（Stingy）。」女主持人問：「是 cheap 嗎？就是在經濟上非常地節儉？」男主持人解釋，Stingy 比較像是有錢，卻什麼事都斤斤計較。就在我不以為然的時候，男主持人又接著解釋自己可以理解那樣的感覺，因為他覺得在感情中扮演女性角色的人其實都希望在另一半的身上得到比較特別的待遇。像是兩人原本計畫好共渡兩人的親密時光，但為了節省開銷，便將原本計畫的小木屋改成了汽車旅館，又或者是溫泉渡假村變成了自家泡湯。斤斤計較的過程中，往往另一半的心裡也會對此大打折扣，漸漸地讓女性覺得自己對另一半來說好像沒那麼重要。尤其任何人在情侶關係中都希望自己是特別的，無論兩個人在一起多久，總會希望在一些特別的時刻，感受到自己在另一半的心中是有別於他人的。一個節儉的人若過度地討論折扣，自然也會在對方的心裡打折，特別是如果他又總是斤斤計較（Stingy）的話，這會讓對方覺得彷彿自己並不值得他的付出、沒有那麼重要似的。

在一般的夫妻關係中，男性大多是管理財務，而女性大多是管理家務的角色。在現今，女性並不會覺得自己在家庭中付出得比較少，但每當談到錢的時候，男方卻總是斤斤計較，能省則省，這會讓女性覺得自己的付出沒有得到相應的回報，而開始覺得自己在這段關係裡面不重要，就像在公司辛苦工作卻得不到賞識一樣。因此，她們會本能地產生「或許你不是適合我的人」的感覺，就像你會覺得壓榨你的公司不適合你一樣。在聽完男主持人的看法後，我不自覺地贊同。

在一個總是追求他人認可的社會中，這種情況格外地明顯。我老公從小生長在貧困家庭中，因此在金錢用度上總是比較小心。剛開始交往的時候，我常常感覺自己不太重要，因為他送我的禮物總是以最低消費購買，也經常不是我喜歡的。感覺自己不被珍惜與疼愛，讓我真的很想去找別的男人。

只不過那已是曾經，如今的我完全沒有那樣的感覺。這不禁讓我好奇自己究竟是在什麼時候開始改變那種期望被人關愛的心態，**不再將自己的重要性與對方的態度畫上等號**。

我意識到，當我慢慢地了解自己的個人價值，不再尋求社會認同的時候，我便開始拋棄那種「我不重要」的感覺。

每個人對於愛都使用著不同的語言，有些人需要被贈禮，有些人需要讚賞的言語。當一個人在所處的環境裡感覺不到自己的價值時，他會自然地想要尋求另外的出口，無論是在感情關係裡，還是在工作上。

然而，如果價值就在自己身上的話，那麼根本不需要任何人的認可來證明自己的重要。我讓自己變得有能力，所以想買包的時候不需要看老公的臉色。我之所以跟一個人在一起，是因為我們兩人還相處甚歡，而不是因為我需要從對方身上得到什麼好處。

之所以提到這個話題，是想讓大家思考女人外遇的主因，你是否也認同男主持人的說法？我個人認為會外遇的人就是會外遇，任何藉口都是多餘的。真正會外遇的人通常內心缺少愛，期望從他人身上得到自己所缺乏的情感。因此，男人不小氣並不代表女人就不會外遇。如果一個人會家暴，我也會毫不猶豫地把他踢出去，根本無須等到外遇發生。即使對方不小氣，如果真的不適合的話，那麼任何原因都可以。你們認為呢？

天賦

對應頻道 229 集

不知道在大家的眼裡，「天賦」是什麼呢？有些人似乎一出生就比一般人擁有更多的技能，可能是對數學的理解特別強，又或者是繪畫能力超厲害。不管是什麼樣的能力，這些天生又不需要透過學習就比他人厲害的技能，我們暫且稱之為「天賦」。曾經有個網友問我：「為什麼有些人一出生就什麼都會，而他這輩子卻什麼天賦都沒有？如果他想要在下一輩子也擁有天賦的話，是不是可以現在開始培養呢？」這個問題讓我想到有一次在臉書上看到的影片。有一個人想要使用滑板的推力在空中轉一個圈，但是影片裡的他卻不斷地跌倒、摔傷，甚至幾度痛到躺在地上，連動都不能動。重點是他摔倒的次數多到連隔著螢幕觀看影片的人都忍不住跟著喊痛，一般人大概嘗試個幾次就會放棄了，但是他的決心卻讓他不斷地從跌倒中站起來，試了又試。直到他成功的那一刻，在螢幕前觀看的我們也都忍不住跟著歡呼。

我們活在一個只會注意到他人成功，而從來不會去理會過程的社會。我們很容易注意到誰突然變得有錢，又或者是誰的書突然大賣，而這些人在接受訪問的時候總是會第一個討論自己是如何經歷重重的失敗才成功。就連哈利波特的作者也常常提到自己的書整整六年無人問津，在不帶任何期待出版的情況下卻出乎意料地一舉成名。雖然我們都可以理解別人鐵定是經驗了失敗才能夠有今日的成果，但是我們卻很難感同身受。我們只想要得到成功，卻不想要體驗失敗，所以總是想要透過別人的例子，尋找捷徑。影片中的滑板男孩為了在空中翻轉一圈而摔了好幾百次，大部分的人大概在第五十次跌倒的時候就宣告放棄了吧。

版主我這輩子的「天賦」靈媒體質，姑且不談累積二十幾年的諮詢經驗，光是回溯探索就有不少因為女巫身分被處死的記憶。又或者拿畫畫來舉例好了，我有好幾世是幫人作畫的畫匠。任何事情不需要穿越前世今生，只要在這一輩子裡練習得夠，就足以有傑出的表現。這讓我想起自己常常對小孩說的一句話：「沒有人是天生就很厲害的，所有你羨慕的成就都是他們努力練習得來的。所以，如果你覺得自己不夠好，只要多加練習，就一定會達到你想要的境界。」同樣的道理不僅適用於技能，也適用於自信、勇氣，甚至是任何靈性肌肉上。靈魂投胎是為了增長靈性肌肉，一旦有所領悟與成長，都會隨著靈魂繼續成長下去。

人們眼中的天賦或許沒有世俗眼中的標準，但並不表示它們不存在。如果你想要從這一輩子開始培養那樣的技能，那絕對是可行的。就像你羨慕的那個人一樣，他們也是從某一輩子開始下定決心的，甚至有可能是經過五輩子的修練才換來的。如果你只是單純地羨慕他人，卻不願意為自己努力，那麼十年後的你很可能還是會停留在羨慕他人的層級。但如果你願意從今天開始練習，去得到那樣的技能，那麼你的今天就一定會比昨天更好。以這樣的速度前進，總有一天，或者說這一輩子，你就會成為他人眼中那個擁有天賦的人。任何事物，只要你願意行動並練習，總有一天會成為你與生俱來的技能。任何學習而來的技能都可以延續到下一輩子繼續使用，你眼中的天才，也一定是從前世就不斷地努力得來的喔。

將注意力集中在你想要的生活，而不是問題之上

對應頻道 231 集

不知道大家有沒有玩過「I Spy」的遊戲？基本上提問的人會說自己注意到什麼樣的東西（通常會給兩、三個提示），然後其他人會依照提問者給的提示去猜測他看到的東西，直到猜中為止。就好比我說：「我注意到一個紅色的東西。」那麼大家就會猜測我口中那個紅色的東西是什麼。也因為我提到「紅色」這個關鍵字，所以原本周遭不太醒目的紅色會全部凸顯出來。這是個外國父母很常跟小孩子玩的遊

戲，也說明了人們有放大以及凸顯事物的機能。這不是靈媒體質，而是每個人都與生俱來的生存機制。

大部分會找靈媒問事的人都是生活中遇到難以突破的瓶頸，絕大多數的人都有意識到問題是什麼，但由於感覺自己沒有任何的解決方法以及出口，所以只能讓自己困在不斷重覆的問題循環裡。這樣的行為就如同「I Spy」遊戲一樣——我注意到問題，所以所有的問題順理成章地浮現出來，但在無法為問題找到解決方法之前，我們又會將重心轉移到自己的無能為力之上，深陷其中的我們會慢慢地不相信自己身上會發生任何好事，也無法注意到生命中任何美好的事物。

亞洲的教育會訴求「犧牲小我以完成大我」，或者是「凡事要為大局著想」，這使得很多人在成長過程中習慣壓抑自己的需求，也不敢表達真正的想法，特別是面對師長以及父母時，會習慣扮演服從者的角色，也正因為如此壓抑的環境，使人們感到越來越無力。在從小沒有被教育去探索自己的熱情，也沒有學習想盡辦法去實現自己的理想的情況下，即便明知問題存在，也無法做出任何改變，只能繼續抱持一種「服從」的生活態度，也讓人們逐漸放棄為問題尋找答案的熱情。許多人相信他們的人生就是這樣了，不會有任何的出路。但只要有追蹤我的朋友們，一定知道我從來不相信這種悲劇化的人生。你看不到那些美好的事物，並不表示它們不存在，只是因為你習慣把注意力放在問題之上，所以才無法看到周遭的美好。

如果想要跳脫這樣的循環，最好的方法就是先**更改專注問題的習慣**。當人們習慣在生命裡尋找紅色的問題時，或許你可以讓自己學著去尋找綠色的美好事物。習慣去注意發生在別人身上的好事，自然會讓自己感覺沒有別人那麼幸運；但若是將注意力集中在發生在自己身上的好事，那麼你會慢慢地發現自己原來遠比想像中還要幸運。就好比聚焦自己總是遇到渣男的人，極有可能遇到的下一個人還是個渣男，但是注意到自己身旁都是貴人的人，很可能遇到的下一個人還是貴人。人生或許有許多的問題與困境，但絕對也有許多美好的事物與解決方法是你從來沒有去注意到的。你之所以投胎，是為了讓靈魂學習更輕鬆自在的領悟，而不是為了死命地往痛苦的深淵裡鑽。所以當你看待自己的人生時，好好地思考自己想要從裡頭找到什麼？是無底的深淵？還是廣闊的天空？是大海？還是森林？你的人生應該由你來決定，而不是由別人來告訴你該怎麼活出你想要的日子。一旦有這樣的覺知，就算人生一度卡關也不會覺得那就是盡頭，而是會讓自己「睜開眼睛」去尋找出口，去思考自己想要的人生究竟是什麼、去聆聽自己內心的聲音、勇敢地追求這樣的人生。

大部分的人都聽過「愛自己」，卻不知道該如何執行。如果你發現自己是一個寧願犧牲自己也要配合別人的人，那麼就試著先從說「不」開始吧！拒絕自己心裡感覺不對的事，以尊重為前提，學著自私一點。這可以幫助你釐清自己的底限，以及真正想要的人生究竟。至少，這可以給你一個前進的方向。一旦未來的目標明確，那就勇敢地跨步朝那個方向前進吧。不管別人是否相信你，又或者是看得到你想要達到的目標，至少這是你可以為自己負責的人生。當問題發生的時候，不要再賦予問題更多的力量來操控你的未來。試著將注意力轉移到美好的事物以及解決問題的方法上，嘗試一些自己從來不敢做的事，慢慢地你也會開始注意到自己的人生是美好的，而不是深不見底、充滿問題的深淵喔。

做自己以及迎合他人對你的期待

對應頻道 232 集

常常有客戶跟我抱怨「做自己」是件說起來很簡單，執行起來卻非常困難的事情。因為人們無法不在乎他人的眼光，也無法在不滿足社會期待的情況下隨心所欲地做自己。一旦選擇「做自己」的話，在他人眼中就是個自私自利的人，但是如果選擇「迎合他人對自己的期待」，痛苦的反倒是自己。那麼一個人究竟要如何在迎合他人的期待下，還能夠做自己呢？

老實說，我從來沒有說過「做自己」是件簡單的事。不過在討論這個主題之前，我想要先和各位談談「死亡」。

我知道許多人都不喜歡討論死亡，但我希望各位思考一下：今天如果就是你的死期，那麼當你閉上眼睛的時候，腦海中會浮現什麼畫面？反思的是誰的一生？在那一刻，你想要擁有的感覺是什麼？想要帶走的領悟又是什麼？

我曾說過，靈魂轉世是趟自私的旅程。我知道有許多人不喜歡「自私」這個詞，但是當我們閉上眼睛的那一刻，我們只會在乎自己是否好好地活了這一生，以及是否已經盡己所能地活得精采，而不是別人如何選擇過他們的一生。唯有透過反省自己的人生，我們才能夠帶著從這一輩子所學到的領悟，心滿意足、毫無遺憾地離開這個身體。

這也是為什麼我不斷地在直播中提到「愛自己」是一門很重要的課。用你對待小孩子的態度去愛護自己，學會對自己的人生負責，並且勇敢地嘗試每一件事，讓生命充滿驚喜。但是在愛自己之前，至少要先知道自己是誰，才有辦法愛，不是嗎？

所以，在「做自己」之前，先想想你想要成為什麼樣的人，又想要活出什麼樣的人生。在以尊重為前提的情況下，你要如何執行才能達到這樣的目標呢？然後透過不斷地實驗與體會、失敗與成功，人們會慢慢地摸索出最適合自己的人生態度。因此，**「做自己」不是隨心所欲做任何事，而是如何在群體中活出靈魂想要的高度與格局**。

我曾經問客戶一個問題：如果你這一生可以成為這個世界上的任何一個人，你會希望成為誰呢？因為在那個人的身上鐵定有你的靈魂想要成為的影子，所以思考這個問題可以幫助自己去理解靈魂究竟想要成為什麼樣子。

我們習慣用過去的經驗來預設我們的人生，但我們也同時可以透過實踐夢想去編織未來。知道自己想要成為什麼樣的人，至少可以幫助你朝那個方向前進，而不是總是擔心別人會想什麼、說什麼，反而讓自己落入什麼事都不能做的情境當中。

許多人找我諮詢的時候，甚至連心裡的話都不敢說。如果連面對像我這樣的陌生人都無法暢所欲言，那麼當他們面對自己親近的人時，又怎麼能夠坦然地說出內心真實的感受呢？大部分的人害怕表現出真實的自己會遭到眾人的批判，又或是傷害到對方，但不知道各位是否想過，無法表達自己的靈魂是否才是真正的受害者呢？讓我再重覆一遍：人生是趟自私的旅程，在這趟旅程當中，學會愛自己是很重要的一堂課。但是，一個無法當自己，又必須為了他人壓抑自己的人又該如何學會愛自己呢？總得要先知道自己要成為什麼樣子的人，未來才有辦法盡其所能地去捍衛那個角色，不是嗎？做自己不是「只要我喜歡，有什麼不可以」。而是在尊重又不傷害他人的前提之下，允許自己成為靈魂想要的樣子。或許有些時候我們為了達成這個目標，會去迎合他人對自己的期待，但卻不會因此而失去自己，所以「做自己」與「迎合他人的期待」根本是不相違背的兩件事。

我們小時候因為不了解這個世界，所以需要父母的帶領來幫助我們成長。在父母的教養之下，總不免把滿足他們的期待當成是對自己的認可。而所謂的「期待」也不全然是壞事，有時候他人的期待可以像一股推力將我們推出舒適圈，讓我們去嘗試新事物，所以我向來認為適當的期待是健康的。只不過大部分的人們因為習慣滿足父母對自己的認可，所以在成年之後會把他人對我們的期待當作生活的準則，反而失去了個人的意見，只能夠依照著他人的需求來過日子。

我常說人生的所有事物都要找到最適合自己的平衡點，若是一味地為了滿足他人的期待而讓自己活得痛苦，那麼這個狀態就是失衡的。如果今天你已經不再是個嗷嗷待哺的小孩，不但懂得照顧好自己，也能夠養家糊口，你已經用實際的態度來證明自己有足夠的生存能力，那為什麼還要讓自己活在他人的期待當中呢？還是說靈魂對自己的期待遠不及他人對你的期待？

「期待」是人類創造出來的，它會隨著時代的改變而更換標準。但是即使如此，同樣的信念被社會環境餵養了一輩子，你就很難去做出任何的改變。可是在人生這趟自私的旅程裡，你所在乎的只有自己，而不是別人。若是他人的期待可以幫助自己成長，那自然是一件好事，但若是為了迎合他人的期待而造成自己的痛若，你就得開始衡量這是否是個失去平衡的環境。如果知道自己想要成為什麼樣的人，就不需要太把他人的期待放在心上，只需要時時刻刻地反省自己的所做所為是否建立在尊重之上，又是否會讓靈魂在臨終之前感到驕傲以及毫無遺憾，這樣就夠了。你所交出的成績單，至少要有辦法讓自己抬頭挺胸地站在所有人面前。沒有人比你更適合照顧自己。把自己的身體當做一個神聖的殿堂，好好地保養它，那麼它自然會給你應有的回饋。好好地花點時間思考，什麼樣的一生可以讓你的靈魂在臨死前驕傲地對這一輩子說：「我做到了！」「做自己」與「迎合他人的期待」的確是兩件事，但不是叫你擇一而行，而是從兩者之間找到最適合你的平衡比例，才是你這輩子最需要面對的功課喔。

生命的中間字叫如果

對應頻道 239 集

今天要跟大家講的話題叫做「The middle word of 'life' is 'if'.」。為什麼要用英文寫呢？因為這個句子不適用於中文，只有英文字面才有這樣的意義。「Life（生命）」的中間兩個字母「if」剛好是「假設、如果」的字義，因此翻譯成中文就是「生命的中間字叫如果」。這是我年輕的時候在酒吧裡看到人家寫在廁所門上的一句話。當時的我覺得這句話有點深奧，雖然看不懂意義，但這句話卻從此深植在我的腦海裡，後來我花了許久的時間才真正地了解它的含義。之所以提到這句話，是因為有許多人來找我諮詢時，常常不知道自己的人生功課是什麼，也不知道自己是誰、想要成為什麼，甚至感覺自己完全地迷失在人生的道路上。

所以今天我想透過「生命的中間字叫做『如果』」這句話與各位分享我的個人想法。我們可以明白，「If 如果」指的是許多未知的答案，那麼我們稱為「Life 生命」的人生旅程中應該都是滿滿的未知數。這也表示如果你在人生的路途上感覺惶恐不安又不知所措的話，那全都是很自然的反應，而不是因為你身上出了什麼問題，也不是你真的笨到搞不清楚狀況，所以才無法理解生命的意義，而是「**生命中本來就應該充滿許多的假設，唯有試過之後才會知道該怎麼辦**」。

我想進一步用數學的計算方法來跟各位討論生命的話題。假設一個人可以活到八十歲，我們將「LIFE」（生命）分別切割成四個單字「L、I、F、E」，也就是每個單字平均二十年左右，那麼你會發現，人的一生大致可以分為四個階段。

L：Learning

I：I

F：For

E：Excellency

在第一個階段（零到二十歲），我們暫且稱為學習階段，也就是「Learning」。這個階段的你總是似懂非懂，所有的事物對你來說，都必須要學習才能上手。

在晚年的六十到八十歲這段期間，我用「Excellency」（傑出）來做為代表，也就是走過一生的你不管面對到什麼境況，無論好壞都有一定的經歷與體驗。為了累積這樣的經驗，你的人生中半段，也就是二十到六十歲這段期間，便是你不斷藉由練習以達到傑出的效果。

也就是說，二十到六十歲的人生中段是種種的「If」（如果），你在這段期間要做的是不斷地累積你晚年可以享受的經驗，而不是將這段時間一直浪費在擔心之上。但如果你希望在晚年成為擔心高手就另當別論囉，因為所謂的Excellency也可以是在不好的事情上很「傑出」，只要你在人生的中段有不斷地練習的話。

如果我們再將二十歲到六十歲分成兩個階段，那麼「I」與「F」則各佔二十年。也就是說，「I」所代表的二十歲到四十歲之間應該以「I」（我）做為主軸，去思考自己想要什麼、是誰，這是人們在這段期間最常遇到的問題。所以我總是鼓勵人們在這段期間大膽嘗試、勇敢冒險，因為這可以幫助你更清楚地了解自己的未來要走往哪一個方向。當人們回顧過去時，也會發現自己在這段時間裡似乎花了很多時間與精力在探索和了解自己。如果按照這樣的發展，到了四十歲時，人們會對自己的人生有較為明確的想法。當然，也有許多人認為自己即便到了四十歲還是一無所知，這取決於一個人在二十歲到四十歲這段期間是否願意嘗試許多不同的事物。如果人們理解生命中總是充滿「如果」的話，那麼就得不斷地挑戰自己的舒適圈，才能把浮動的變數變成已知的定數。

假設人們照著完美的鋪陳，在四十歲的時候找到自己，那麼在四十到六十歲這段期間則可以將重心放在「F」，也就是「For」（目的、角色）之上，也就是你為了什麼而活，又為了什麼而存在。當一個人找到自己的時候，才會有慾望想要知道自己能夠為社會貢獻些什麼，又或者是為群體做些什麼。也正因為了解自己的能力，所以了解自己應該在這個世界扮演什麼樣的角色。這也是為什麼人們往往在過了四十歲之後會開始不滿足於現狀，總想要為自己的人生尋找存在的意義，也想要找到更廣大的目標，所以對於找到自己定位的人，在這段期間會想要向外延伸，觸及更廣大的層面。

這是我對於「The middle word of 'life' is 'if'.」這句話的理解和領悟，我想透過這句話讓大家知道，不管你在人生的任何階段，都有辦法創造出自己的未來，但這必須建立在了解自己的基礎上。

任何人都沒有辦法在缺乏自我認同的情況下找到自己，因為他們會不斷地活出他人為他們模擬出來的生活模式，而不是自己真正想要的人生。今天藉由這句話「The middle word of 'life' is 'if'.」來讓各位有更深層的思考：如果生命是充滿假設的，那麼即便你不知道未來在哪裡也是OK的；如果你願意為自己的生命不斷地探索與挑戰，從學習、找到自我、觸及更廣的層面到擁有任何你想要的智慧，那麼你的未來自然會成為你最想要的模樣。

活在當下的困難度

對應頻道238集

我相信這是一個普遍的問題，即使許多人都很想活在當下並了解其重要性，但在實踐上仍感到非常困難。他們經常無法控制自己的胡思亂想，讓自己活在擔憂和恐懼之中。由於我們會依循經驗法則，因此改變這種習慣並不容易。在進入主題之前，我想和大家討論一個題外話。你們有看過或體驗過催眠嗎？不管是自己被催眠還是看別人被催眠，相信大家都注意到被催眠者在進入催眠狀態之前需要先閉上眼睛，然後專注在呼吸上，這可以幫助被催眠者慢慢地放鬆身體，然後根據指示進入催眠狀態。

閉上眼睛的舉動可以快速地阻隔所有外在的刺激，包括任何可以刺激感官的事物，將專注力集中在呼吸上則可以幫助沈澱所有的情緒。當一個人不受到外在干擾並且排除情緒的影響時，自然會更容易連結到自己的潛意識，找到問題的根源。因此，當一個人開始與自己的潛意識連結時，就可以探索人生藍圖、過去、未來，或者是前世今生的問題。這也是為什麼任何催眠都必須讓人放下自己的意識才能執行。

現在讓我們試想，為什麼所有的催眠師都要求你將注意力放在呼吸呢？因為當人們的專注一件事情的時候，他自然沒有多餘的心思放在其他的事情上。透過感受氣息在自己的身上流動，我們會自動過濾掉其他的外在事物，將注意力集中在催眠師所要我們感受的事物之上。這個狀態也可以被稱為所謂的「當下」，也就是不受到過去經驗以及未來假設所影響的「現狀」。不過，並不一定要透過催眠才有辦法達到「現狀或當下」，你可以透過很簡單的呼吸練習來讓自己達到同樣的狀態。在之前的文章裡有提到簡單的呼吸方法，基本上是一吸三吐，以鼻子吸氣嘴巴吐氣的方法練習。你也可以放緩吐氣的速度，透過數數的方式將注意力集中在吐氣上面，而後你可以閉上眼睛感受手指與腳趾，因為它們是離軀幹最遠的部位，當你將注意力集中在這裡可以幫助你喚醒全身的感官。如之前所說，當你的注意力有集中的地方，你的胡思亂想就沒有存在的必要。在這種心無旁騖的狀態下，你也可以試著給自己重新設定指令，感覺自己有多麼的幸福與幸運，在這個時候所練習的自我設定可以幫助你的靈魂更清楚自己未來的方向。因為此時此刻的我們都是由過去的經驗累積出來的結果，也就是說，未來的你也是由此時此刻的你開始累積出來的。對於過去的你來說，現在的你就是那個時候的你的未來，同樣地，此刻的你也正是未來的你的過去。在未來是浮動的狀態下，你此時此刻所做的每一個決定都將決定未來的你會變成什麼樣子。人們習慣用過去的經驗來對現在的事件做出反應，以致於會創造出與過去相同的結果，但**若是可以設定明確的未來目標，則可以幫助人們決定當下應該做出什麼樣的反應**。因此，「活在當下」不單只是著重在此時此刻在做的事，也可以是以未來做為目標，來決定此時此刻的你應該做什麼事，而不是受到過去經驗影響，用與過去相同的心態去擔心未來還沒有發生的事。

活在當下之所以困難，是因為大家都假設未來會發生與過去相同的結果，又或者是人們都以最糟的情況來假設還沒有發生的未來。如果各位可以把自己的每一天過好，等到事情發生時再來認真地處理，那就是活在當下最好的範例。就如同你不會看到獅子去算命，在得知自己在五個月後會遭到獵人射殺之後，從此躲在洞穴裡哭而不敢出來；也不會看到牠去在乎自己前世做了什麼，而把這輩子活得滿是懺悔或是懊惱。你或許會反駁這是人類未雨綢繆的反應，但所謂的「未雨綢繆」應該是從過去的經驗學習，進而讓自己的未來過得更好才對，而不是反倒影響你的生活，讓你活得愈來愈不快樂。

人會無法活在當下，大多是因為過去的羈絆。所以，如果學會放下，那麼活在當下就會變得簡單許多。因為如果你的每一刻都是由你能夠做到的「最好」所組合的話，那麼你的未來自然會往最好的方向發展。

要活在當下的第一要件是了解「人生永遠都有選擇」，無論你是要選擇活在過去，還是選擇活在未來。若是選擇使用過去的方式解決問題，那麼一定會得到與過去相同的結果，所以，擔心是沒有意義的，反正不管你有沒有擔心，結果都會是一樣的；但若是你選擇用未來決定你的當下，那麼你自然也沒有擔心的必要，因為你無法預測你的未來，只能依照現在的你所能做到的最好的方法去處理當下的問題，期望未來會有更好的結果。這也是為什麼明確的未來目標很重要，因為這可以幫助現在的你決定該用什麼樣的態度去處理問題，而不是漫無目的地在原地打轉。

試想，如果你可以把「擔心」從你的生命中移除的話，那現在的你是否會多出許多的時間去追求自己喜歡的事呢？因為不管你有沒有擔心你的人生，都不會改變事件的發生，不是嗎？

如果你真的不知道該如何學會活在當下，就從一吸三吐的呼吸練習開始吧，或者是找一件可以讓你專注的事情來做，甚至是等電梯時專注地看著顯示板上的數字，慢慢地體驗那種心無旁騖、專心的感覺，未來就比較容易將那樣專注的感覺落實在現實生活中，也比較容易進入狀況。學會與自己相處可以幫助你與自己建立連結，面對問題時也比較不容易胡思亂想。不要總是對沒有發生的事情做最糟糕的假設，而是專注在此時此刻的你能做到最好的事情上，剩下的就交由宇宙來決定。因為你在當下所做的每一個決定都可以影響到未來的結果。明確的未來可以奠定當下的基礎，所以不要把所有的事情都想得那麼複雜，好好呼吸，過好每一天，就是活在當下最好的方法。

即便知道幸福掌控在自己手裡，還是忍不住意識到自己的不足之處

對應頻道 233 集

我之前曾發文說：「幸福快樂以及成功富有的感覺不應該由他人決定，而是掌握在自己的手裡。」於是就有網友提問：「雖然大家都清楚這些道理，但是在現實生活裡，有時候還是會質疑自己憑什麼自我感覺那麼良好，又憑什麼得到那些幸福，總覺得自己身上好像還有很多的不足之處……」

這的確是這麼多年的諮詢以來，大家很常遇到的問題。其實我偶爾也會面臨這

樣的情況，所以總是要讓自己培養出覺知並適時地將這樣的想法改正過來，但我不是個專家，只能與各位分享這些年來的經驗。

在此之前，我希望大家先打破一個迷思，那就是所謂的快樂與幸福真的沒有一個標準。工業社會的教育讓人以為只要跟大家做同樣的事，就會得到跟他人相同的感覺，但這並不是絕對的。如果你了解每個人都是獨立存在的個體，你就會理解每個人所定義出來的快樂感受各有不同。有些人吃了頓大餐就覺得自己很幸福，有些人有家人的陪伴就覺得那是快樂的感受，又或許是擁有一輛車、一棟房子……。工業社會著重將每一個人塑造成同樣的標準，只要你合格通過了，就是成功快樂的人生。

不過，我們已經進入覺知的時代，許多人開始對靈性產生認知，人們對彼此的接受度也愈來愈廣，我們漸漸地不會強迫他人接受我們的信仰，也開始允許自己與立場不同的人共處一室。在接受自己的不同之處的同時，我們也會開始接受他人的多元性，慢慢地打破工業社會所帶給我們的影響。因此，我們會逐漸找到讓自己真正感到幸福快樂的方式，而不是像過去的社會，把這樣的感覺視為一種 SOP 標準，讓人們以為只要照著做就可以達成目標。

現在讓我們來談談為什麼人們很容易陷入「覺得自己自不量力」的情境中。這同樣跟工業社會的教育模式有很大的關係。每個人都希望培養出令自己驕傲的孩子，所以成績、升學、文憑、工作、年薪等等成為大家相互比較的話題。在成長的過程中，我們總是會有一個「隔壁鄰居家的小孩」比你考得更高分、考上更好的學校、找到更高薪的工作，甚至是嫁給更有錢的人……，這讓你在成長的路途中感到無論自己再怎麼努力，好像永遠都達不到他人眼中的標準（又或者是比不上那個「什麼都好」的隔壁鄰居家的小孩）。這樣的生活模式也是造就「連社會基本標準都達不到的你，憑什麼擁有幸福」的感覺的源頭。

在覺知的世代，人們會開始意識到靈魂的獨立個體性，也會開始了解每個人對於幸福快樂的詮釋是大不相同的。每一個靈魂在不一樣的人生藍圖底下，想要得到幸福快樂的感覺與途徑自然也不一樣。別人喜歡的並不一定適用於自己，就好比有些人熱愛旅行，有些人喜歡冒險，有些人沈迷於手作，又或者是有些人熱衷於家務……，透過別人的啟發，可以幫助我們發掘自己，找到自己。所以在追求幸福快樂之前，先了解社會給予我們的期待，以及那是否真的是為自己而活的生活型態。人生既然是趟自私的旅程，那麼這人生的規則當然是由你決定，只有你知道自己喜歡什麼、想要什麼，以及什麼樣的結果才是你的靈魂想要的。你更應該慶幸自己的不足，因為那讓你有增長的空間，所以不要把錯誤當做是終點，而是當成讓你更加進步的踏板。就好比小孩子，都是得先跌跌撞撞之後才會學會跑步的，不是嗎？

每個靈魂都有想讓自己變得更好的本能，這也是為什麼靈魂總是不計代價地一再選擇輪迴的主要原因。靈魂不也正因為知道自己的不足之處，才精心設計了可以讓自己學習和成長的人生嗎？所以自己有沒有達到別人幸福快樂的標準又怎麼樣呢？重要的是，如果我接下來的每一步都可以踏踏實地地走，勇敢地從每個經歷中學習的話，那麼我的靈魂自然會在未來安排他最想要的幸福快樂的結局。

所以，把這一生當成是一場遊戲吧！

愛自己、做自己。以尊重為前提，你可以做任何想做的事

對應頻道 234 集

大家很常看到我談及「愛自己」，或許也在我的許多文章裡看到我不斷地重申「愛自己」的意義。大多數的人覺得「愛自己」就是一種犒賞自己的行為，無論是購物、Spa、去度假等等，任何可以短暫滿足身心的行為都被認為是愛自己的方式。但我說過，愛自己不單單只是行為模式，而是一種生活態度。

一個愛自己的人會懂得如何尊重自己以及保護自己，會懂得照顧好自己的身心

靈，不會用負面的言語來攻擊自己，更不會糟踏自己的身體。既然不會這麼對待自己，自然也不會允許他人踐踏自己。一個懂得愛自己的人，在學習的過程中也會對他人產生相同的尊重，因為你會同理地將他們放在與自己相同的位置，理解他們對自己的人生所做的種種選擇，無論是你認同或不認同的觀點。

你會創造屬於自己的空間與時間，也會給予他人所需要的空間與時間。愛自己不是一個月做一次的行為，而是落實在生活的每一刻。你可以每天對著鏡子說「我愛你」，也可以在有所突破時拍拍肩膀稱讚自己；你會學習用良善的言語來對待自己，而不是總是為了一點小事譴責自己；你也會懂得照顧自己，而不是總是為自己的暴飲暴食尋找合理的藉口。

至於為什麼照顧好自己等同於愛自己的表現呢？這源自於現有的社會習慣指出人們的不足，認為指教批評是一種愛的表現，覺得一旦對方知道自己的缺點在哪裡，他才可以在被他人嘲笑以前改正自己。然而這使我們不知道該如何擁抱自己、接納自己，總是覺得自己不夠好也沒有人愛，內心有演不完的小劇場。我不管各位內心的設定是什麼，但如果真的不知道該如何愛自己，至少先把自己的身體照顧好。因為你只有這麼一副身體可以陪伴你走這一輩子，而你是唯一可以照顧它的人。如果你每天都善待它，我相信一個月後你一定可以從自己的身上看到改變。

我之前的文章也提過：你沒有辦法在不做自己的情況下愛自己。社會的要求讓我們總是拿著別人的標準來打造自己的人生。如果找不到自己是誰，又總是活在他人對自己的期望底下，那麼要如何實踐愛自己的根本呢？所以我曾建議各位將自己的人生試想成一張白紙。如果你可以成為世界上的任何一個人，那個人會是誰？要怎麼做才能夠達到那個相同的位置呢？我知道這番話聽在許多人的耳裡很矛盾，但正如我說過的——你想成為的人往往有你的靈魂渴望擁有的特質。我不是叫你真的成為那個人，而是透過觀察對方，找出靈魂真正想要的特質。一旦目標明確的話，可以幫助你在未來有個努力的方向，也比較不容易被挫折擊敗。「愛自己」是以尊重的方式照顧好自己的身心靈，而「做自己」則是清楚地知道自己想要成為什麼，並竭盡所能地達到那樣的結果，即便那包括強迫自己踏出舒適圈。

我常常會建議客戶，「做自己」要學著表達自己，也就是把內心真正想說的話表達出來。卻有許多人覺得這是一件很難的事，因為一旦說出真話，旁人很容易覺得自己受到攻擊，所以最好還是什麼話都不要說。但是我覺得人們有時候是透過不斷地表達以及自我反省來釐清自己真正想要成為什麼樣的人。不管在任何的情況下，我都會建議把話說出來，而不是藏在心裡。不過，顯然有許多人對於「表達自己」有錯誤的觀念，覺得那表示得口無遮攔地批評對方、指正他們的缺點。我曾說過：做任何的事都必須以尊重為前提。在以尊重為前提所做的表達可以是清楚地說出自己的感受，但是沒有任何攻擊或是批評他人的字眼，要不然可能真的像你們所說，搞到最後連一個朋友都沒有。

舉例來說，朋友試穿了一件你覺得很醜的衣服，你覺得坦白地說「好醜」是表達自己，但這句話的主詞在對方身上，而不是在你身上。你的「好醜」只是你個人的主觀看法，並不是所有人的意見。「表達自己」的主詞永遠會在自己身上，而不是他人。所以合適的句子可以是：「這不是我喜歡的款式，但是你喜歡才是重要的。」話在說出口之前，先花個幾秒鐘的時間思考它是否以尊重為前提，因為你說出口的話所代表的是你這個人的人品與人格。所以，你可以試著想想自己可以用什麼樣的句子來代表未來那個你想要成為的自己。

許多人認為「做自己」、「愛自己」就是做一些「只要我喜歡，沒有什麼不可以」的事。雖然這句話沒有錯，但還是要建立在尊重的前提之下。如果你喜歡的事包含傷害他人，無論是肢體上或是言語上、人前或是人後，那麼這件事自然不該列入愛自己以及做自己的表現，因為在這個現世報的世界，因果會很快地顯化應有的報應。

我說過輪迴是趟自私的旅程，靈魂在死亡之後所回顧的是自己的人生，檢討的是那些曾經帶有攻擊以及傷害的念頭。靈魂之所以鋪陳一切是為了讓自己成為更好的存在，學會生命的平衡，而不是放任自己為所欲為地去傷害他人，不需要為自己的言行負責。所以在這條自私的旅程上，做自己以及愛自己是兩堂必修學分，但切記凡事都必須以尊重為前提。在這個大前提底下，你可以做任何你想要做的事，大膽地去追逐任何的夢想，以及勇敢地決定自己想要的人生。

讓你的未來
決定你的未來該怎麼走

對應頻道 204 集

不知道大家有沒有這樣的經驗，就是有一天當自己在習慣性地抱怨時，卻突然覺得那些出於自自己口中的抱怨很刺耳；又或是莫名其妙地成為第三人，清楚地聽到自己的抱怨？

有一次跟朋友用餐的時候，我清楚地體驗到這樣的狀態，所以我在當下像是對天發誓般地跟朋友說：「從現在開始，我再也不要討論任何我不希望在生命中發生的事。」這讓朋友聽得一頭霧水。我解釋道：「既然我不希望這類的事情不斷地在我的人生中重演，那麼我又為什麼要浪費那麼多時間討論它呢？這豈不是變相地向老天許願？」在這之後，如果我發現自己又在抱怨什麼讓人心煩意亂的事情，我會立刻結束這個話題，很快地切換到下一個主題。再透過不斷的練習，讓自己可以將注意力轉移到那些我想要發生的事情上。

也許很多人會認為這樣的行為其實是一種逃避。但是，不討論並不表示逃避它，而是我仍然會去處理它，只是不需要把我的時間浪費在討論它之上。我也不願意持續地在上面投注任何的能量，因為這只會讓同樣的劇情在我的人生中不斷地重演。既然我希望自己的人生可以朝著未來的方向前進，那為什麼要讓過去不好的經驗來決定我的未來發展方向呢？或許也因為我決心想練習自己說話的習慣，所以才逐漸地發現自己有這麼多習慣性的抱怨，而我也漸漸地可以在話說出口之前就停止那樣的發言。這樣的練習並不會讓你把不喜歡的事情變成喜歡，而是不再賦予它任何的力量，不讓它在你的生命中重覆發生。

這跟我們在前文中提到的「不要讓生命中的鬼來阻止我們前進」，是同樣的意思。我們很常使用過去的經驗去架構未來，導致我們的未來可能會得到與過去經歷相同的結果。就如同我們很常讓恐懼來支配生命，進而讓自己一直活在恐懼之中。我們遙望著想要的未來，內心卻緊抓著恐懼不放，進而慢慢地相信理想的未來離自己很遙遠，以至於永遠賺不了錢、找不到真愛，無法實現任何自己想要的未來藍圖。

我們從來沒有被教育，我們有辦法也有能力到達那個看似遙不可及的理想的未來。我們應該對自己的未來設立一個目標，進而成為我們朝向未來前進的指標。只不過很多時候人們習慣將目標設立在物質層面上，例如：我要有錢、結婚生子……等等，這類外在的目標之所以很難達成，是因為它們不一定是你的靈魂為自己的人生所預設的東西。反之，若是人們可以朝著**內在的發展目標**前進的話，反而會覺得更得心應手。也就是說，期望自己有錢，是因為覺得有錢之後可以透過購買任何物質產品來象徵自己的權力與地位，那麼人們可以將目標著重在「未來可以感受自信、自在」以及「不受拘束」的生活態度。這樣的目標更能夠呼應靈魂當初之所以鋪設整個人生平台與藍圖的目的。

人們常常因為沒有目標的緣故，讓自己處於一種遊蕩般的不確定感，使得自己舉步維艱，不知道下一步該往哪裡走，也不知道該往哪個方向發展。在這樣的情況下，人們往往會選擇待在自己的舒適圈，並等待「較好的機會」出現在舒適圈之中。但就如同不流動的水遲早會變成死水一樣，長期處在舒適圈而不願發展的靈魂，永遠遇不到「較好的機會」，只能讓過去的經驗不斷地複製出跟過去相同的未來。

就好比將一個人丟在奇臭無比的糞堆裡，在無所作為的情況下，時間久了他可能還是會抱怨那個味道，卻不會發覺自己也在這個過程中被同化了。但若是從一開始就有「離開這個環境」的明確目標，那麼無論此刻的處境為何，他遲早能夠一步一腳印地達到那個撥雲見日的海闊天空。人們是透過明確的未來去規劃此時此刻的自己可以做些什麼，而不是透過不斷的抱怨來改善自己的人生。

在這個靈性與現實共行的世界裡，唯有克服人生藍圖所鋪陳的種種障礙，才有辦法顯化在現實生活中想要得到的實質感受。既然生命是靈魂為了進化所安排的一段旅程，那麼未來絕對會有更好的出口與選擇；既然靈魂有權力可以決定生命的發展，那表示你自然有決定生命該怎麼走的權力。因此，如果你仍然對人生感到迷惘的話，不如讓自己坐下來仔細地思考「十年後的自己究竟會成為什麼樣子的人？

而那個人是否會讓自己的靈魂引以為傲？」一旦設立目標之後，你可以再回頭思考：「現在的自己可以為了那個十年後的自己做些什麼？如何幫助自己成為那樣的人？」一旦有了明確的方向，就可以引為借鏡，改善現有的壞習慣，或是改變不斷質疑和批判自己的行為。當你愈常跟自己的未來對話，你就愈有可能創造出那個未來的自己。

如果你還是不知道該怎麼做的話，你可以拿一張白紙，想像自己的未來有無限的可能，任何你寫在紙上的字都可以顯化成為你的未來。這個時候的你會在白紙上規畫出什麼樣的未來呢？是否會讓你的靈魂感到無比驕傲呢？寫完之後，放在自己每日舉目可見的地方。每當你感受到焦慮，你可以去問問紙上所寫的那個自己，**在相同的情境下會做出什麼不同的決定？又或是那個未來的我會對此刻徬徨的自己說些什麼呢？**這樣的練習會讓你更加熟悉未來的自己，也更能夠讓未來的方向變得明確。這就好比在跟自己的願景板對話一樣，朝著明確的目標慢慢地開發出板子上描繪的未來。

所以，不要總以為自己的人生都掌握在神明與高我的手上。既然投胎為人，你自然可以決定自己的人生走向。只不過，不要再讓你過去的痛苦經驗來創造與之相同的未來，不如讓未來的你來引導現在的你，走向那個可以將理想顯化的未來吧！

生命的中間，是如果
靈媒媽媽的心靈解答書 5

作　　者— Ruowen Huang
設　　計— 張巖
副總編輯— 楊淑媚
校　　對— Ruowen Huang、楊淑媚
行銷企劃— 謝儀方

總編輯— 梁芳春
董事長— 趙政岷
出版者— 時報文化出版企業股份有限公司
108019 台北市和平西路三段二四〇號七樓
發行專線—（02）2306—6842
讀者服務專線—0800—231—705、（02）2304—7103
讀者服務傳真—（02）2304—6858
郵撥—19344724 時報文化出版公司
信箱—10899 臺北華江橋郵局第 99 信箱
時報悅讀網—http://www.readingtimes.com.tw
電子郵件信箱—yoho@readingtimes.com.tw
法律顧問— 理律法律事務所　陳長文律師、李念祖律師
印刷— 勁達印刷有限公司
初版一刷— 2023 年 9 月 1 日
初版五刷— 2024 年 1 月 5 日
定價— 新台幣 380 元

生命的中間，是如果 /Ruowen Huang 作 . -- 初版 . -- 臺北市 :
時報文化出版企業股份有限公司 , 2023.09　面 ;　公分
ISBN 978-626-374-251-2(平裝)
1.CST: 靈修 2.CST: 生活指導

192.1　　112013410

時報文化出版公司成立於一九七五年，並於一九九九年股票上櫃公開發行，
於二〇〇八年脫離中時集團非屬旺中，以「尊重智慧與創意的文化事業」為信念。